文化部民族民间文艺发展中心基本科研项目

社火傩韵

——冀南地区民间社火研究

朱振华　李向振　李生柱　王学文　著

学苑出版社

图书在版编目（CIP）数据

社火傩韵 / 朱振华等著 . — 北京：学苑出版社，2018.6
（传统文化传承与发展丛书；12）
ISBN 978-7-5077-5423-0

Ⅰ.①社… Ⅱ.①朱… Ⅲ.①社火—研究—华北地区 ②傩戏—研究—华北地区 Ⅳ.① K892.1 ② J825.2

中国版本图书馆 CIP 数据核字（2018）第 032097 号

责任编辑：周　鼎　齐立娟
出版发行：学苑出版社
社　　址：北京市丰台区南方庄2号院1号楼
邮政编码：100079
网　　址：www.book001.com
电子信箱：xueyuanpress@163.com
联系电话：010-67601101（营销部）、010-67603091（总编室）
经　　销：全国新华书店
印　刷　厂：三河市灵山红旗印刷厂
开本尺寸：787×1092　1/16
印　　张：13
字　　数：300千字
版　　次：2018年6月第1版
印　　次：2018年6月第1次印刷
定　　价：78.00元

传统文化传承与发展丛书
编委会

主　编　李　松

副主编　张　刚　王　静

编　委　王学文　王　彦　朱飞跃

　　　　许雪莲　闫东东　邱邑洪

《传统文化传承与发展丛书》

总　序

李　松

中华优秀传统文化在中华民族 5000 多年文明史中生成、完善、扬弃、起落和绵延，已经深深嵌入到每一个国人的生命历程，深深嵌入到家庭、社区、城镇每一个场域，深深地嵌入到现代民族国家的治国理政思想和体系之中。今天，植根于农耕时代的中华优秀传统文化进入到农耕时代、工业时代和信息时代叠加并置的发展阶段，进入到现代化、全球化、信息化的全面推进时期，进入实现民族复兴、文明崛起的中国时刻。如何让中华优秀传统文化继续其作为从未中断的文明的那份荣耀，在时代转换和种种冲击中实现创造性转化、创新性发展？如何让中华优秀传统文化继续作为中华民族鲜明标识，在人格养成、社会重建、国格塑造和世界交往中发挥重要作用？这是一个看似玄大，实则具体的命题。每一个国人、每一个组织都可以也都应该以各自的方式参与其中，投身实践，"传统文化传承与发展丛书"就是我们参与这一伟大实践的一份努力。

20 世纪 70 年代末 80 年代初，在周巍峙、吕骥、孙慎、李凌、钟敬文、马学良等一批专家的推动下，我国开始了有史以来最大规模的全国性的收集、整理、抢救民族民间文艺的工作，历时 30 余年出版了有"文化长城"之称的"中国民族民间文艺集成志书"。为推动这一恢弘巨著的组织、编纂和出版，文化部成立了专门的机构，也就是我们单位文化部民族民间文艺发展中心（以下简称"中心"）。几十年来，我们始终致力于中国传统文化的保护和传承工作，围绕着传统文化中最为鲜活、最为多样的民族民间文化，进行了大量的搜集抢救、保存保护、传播传承工作。

中心是一个科研管理单位，其优势是策划并组织执行大型科研项目。我们深刻把握现代社会变迁对传统文化传承保护提出的新要求，在"中国民族民间文艺集成志书"工作的基础上，逐渐形成了新的工作格局：一是继续推进传统文化资源的搜集抢救和整理工作，如正在进行的《中国节日志》《史诗百部工程》等。二是以传统文化资源为核心，推动传统文化资源数字化整备和利用工作，如建设的"中国记忆——中国传统文化艺术基础资源数据库"。三是以创造性转化和创新性发展为指向，进行传统文化与科技融合项目，如国家科技支撑计划"基于位置服务的文化旅游综合服务研究与应用""中国传统乐器声学测量与频谱分析"。四是以中国传统文化社会传承传播为指向开展的一系列文化交流展示活动，如已经举办七届的"中国原生民歌节"、举办十余年的"澳门内地春节习俗展"等。

在从事以上工作的过程中，中心的科研人员也形成了许多科研成果。这些科研成果与中心的核心工作紧密相关，多以民族民间文化的调研、资源的整理利用为指向，可大致分为三类：一类是田野考察报告，一类是文化资源数字化的研究与实践，还有一类是针对传统文化的研究专著或论文。这些科研成果是伴随着中心的工作逐渐形成的，虽然不及专门研究者精深，但也有突出的特点和价值。首先，这些成果有着鲜明的实践指向，是带着从事文化保护工作的种种困惑，深入边村远寨、田间地头后获得的感悟，不是高高在上、坐而论道。其次，这些成果还有着跨学科的特点，是将传统文化置放于现代化、全球化、信息化的情境之中，组织多学科的力量进行的文化与科技融合研究，还有就是这些成果对于当下进行的文化资源数字化工作、传统文化产业开发工作有较强的借鉴意义。正是基于以上的考虑，我们决定以"传统文化传承与发展丛书"的形式将这些研究成果逐步推出，供大家批评指正。

最后，要感谢学苑出版社对"传统文化传承与发展丛书"出版的支持。正是在学苑出版社领导和编辑的努力下，才使得中心科研人员在繁重工作中形成的成果得以面世。我们也希望通过这些成果的出版，能够吸引更多的人与我们并肩投身到传统文化传承与发展的工作之中！

序 言

北方春节里的乡愁

本书是尝试系统总结和集中展示当下华北地区春节社火整体风貌的几篇研究报告,也是我们研究中国北方地区乡土社会与节日传统关系的初步成果。中国北方地区,特别是华北一带的春节社火在新时期急剧的社会变迁进程中命途坎坷,但它们在学界引起的注意还远远不够。事实上,这些地域社火活动呈现出的喧闹与热烈,历史的传统与记忆,以及乡民们的情感与认同,远远超出人们对北方春节一般意义上的印象和理解,它们是华北大地上跳动的节日音符与乐章。

"社火"是中国北方地区古老的汉族民间艺术形式。从历时性角度分析,它大致继承了传统的傩仪、迎春仪式、元宵灯节等表演活动中的主要内容,是在祭祀或节日里迎神赛会上的各种杂戏、杂耍的表演,火具有红火、热闹之意。当然,对社火仪式的观察和研究离不开对乡土社会的关注,仪式活动的形成、发展、展演与传承都离不开特定的自然空间和文化传统,也就是它生于斯、长于斯的民俗生活实践与文化传统。

在华北地区的冀西南,有一带绵延起伏的大山,这就是太行山的东麓,晋、冀、鲁、豫四省交界的地带——河北省武安市就在这里。据嘉靖《武安县志》记载:"(武安)人民淳厚,务于耕织,勤于经营,成敦本尚质敦本尚质,重本务实不尚浮华之俗。"几省通衢的地理区位与愚公移山的开拓精神不但培育了勇猛精进的质野民风,还造就了武安地区异彩纷呈的村落艺术和傩仪活动。在这套丛书中,我们就给大家展示了武安市冶陶镇固义村"捉黄鬼"、邑城镇白府村"拉死鬼"、徘徊镇姚家峧村"大进驾"等几个北方傩仪(或曰春节社火)的典型样本。

这些社火活动所在的村落大多没有史乘可查的辉煌历史,没有显赫的巨商豪富,甚至功成名就、可供品鉴的名人逸事也寥寥无几。如同万千个普通的中国村庄一样,如果不是特别的原因,大概终其村落诞生、成长、迁移、改造、湮没的一生都会安静的引不起人们丝毫的注意。然而，按照人类学、民俗学的田野调查方法，当我们实地接触这些村落的乡民，融入他们热情而充满善意的日常生活，以及狞厉豪放又不失优雅的社火傩仪后，无不对这片土地的品格及其艺术的表达充满了默默温情与深深敬意。在这里，无论是春节社火的演员还是观众，无论是调度者还是表演者，无论在场下还是场外，因为社火，耄耋者受到尊重，儿童们得到鼓励，父辈的经验得到放大，邻里的感情得到深化，村落的地位得到认同。每位乡民的价值、每座村落的尊严，乃至每个春天的希望都借助纷繁复杂的社火或傩仪活动得以张扬。

或许，这大概就是我们久违了的乡情，这就是我们远去的乡土，这就是从国家顶层设计到个体存在苦觅不得的乡愁。曾有朋友问，到底什么是乡愁？在我们看来，它是幼儿时割草放牛的一脉青山，是夏日里捉鱼嬉戏的一方绿水，是日头底下大汗淋漓的一片土地，是夕阳下炊烟袅袅的一抹舌尖记忆。无论何种意象，中国人心里的乡愁总是萦绕着村庄里的节日与土地。只有在村落，乡愁的情怀才真正返回原点；只有在节日，乡愁里的中国才真正焕发出青春与活力。

在这几篇调查报告之中，你会从《崇孝扬善：冀南固义"捉黄鬼"仪式》察觉到：在许多村落里，孝道文化以及劝人向善，都已经成为村民的基本共识，他们在传统节日里，将孝融入进去，形成了独具地方特色的信仰仪式与活动。固义村就将传统的"孝道文化"融入到了颇具地方特色的"捉黄鬼"仪式当中，每逢年节都会隆重上演，这一活动既是村民们愉悦身心的狂欢盛宴，又能寓教与整个仪式而向人们传递着古老的"孝道"精神。

在《青龙进驾：冀南姚家峧"大进驾"仪式》里，你会发现：伴随着自然节令与传统节日的律动，我们目睹了北方春节里的乡村从日常忙碌的生产生活中歇息下来，人们用福字、春联、剪纸、门签、鞭炮、新衣、饺子等吉祥符号装扮自己的生活空间，用烧纸、上香、磕头、祭酒、上坟等仪式表达对祖宗的追思、敬畏与感恩，用作揖、跪拜、吉祥话、压岁钱等规矩表达对长者的尊重及孩童的祝福，用跑宝马、划旱船、跑帷子、抬阁、板上乱叫等表达对大自然敬畏的同时还酬神娱人。姚家峧村的春节"大进驾"活动不仅是一种略带规律性的季度联欢，实际上在展示给大家这些色彩缤纷却又稚拙淳朴的乡民艺术活动的同时，让我们集中体认到这个不足千人的华北村落群体认识自己、感受自己、全民参与、自我强化与心理认同的人文旨归。

此外，在《禳祟纳祥：冀南白府"拉死鬼"仪式》里您还会感受到："拉死鬼"的实质是驱除滞留村中无人祭奠、危害人畜的野鬼，把死鬼拉到"蒿里山"烧死，让他魂归蒿里，不再危害人间。它传达的是村民驱除鬼祟、祈盼村落平安、人畜两旺的朴素愿望。在白府村，这种原始的驱疫方式演变成"沿门逐疫"，即在大门口举行仪式，把鬼祟瘟疫祛除。俨然，拉死鬼已经成为白府村人免灾祈福的心理慰藉，这一年只有拉完死鬼，才算对祖先有了交代，村民的心灵才能得到解脱、宽慰和舒展，才能生活得更实。拉死鬼同时还是全村的一次节庆盛会，是村民的集体狂欢……

要言之，走进中国特色社会主义新时代，乡村是一个可以大有作为的广阔天地，面临着难得的发展机遇。在现阶段，实施乡村振兴战略，是党的十九大作出的重大决策部署，是决胜全面建成小康社会、全面建设社会主义现代化国家的重大历史任务，更是新时代做好"三农"工作的总抓手。本书正是通过民俗志和田野调查的方法说明：在国家做好顶层设计的同时，人们应当进一步消除对村落文化的偏见和误解，既要正视村落危机，又要注意培塑农民对其乡土社区的文化认同与面向未来发展的创造热情。在此基础上，尊重并充分发挥村落优秀传统组织机制的文化功能，从而促使乡土社区焕发内在活力。唯有如此，那种立足以人和乡土为本位的新型城镇化建设，才真正能够做到"望得见山、看得见水、记得住乡愁"。

目 录

崇孝扬善
——冀南固义"捉黄鬼"仪式 …………………………………… 001
  一、村落概况与村民日常信仰生活 ………………………… 001
  二、"捉黄鬼"仪式的渊源及发展状况 ……………………… 018
  三、"抽肠剥皮":"捉黄鬼"仪式的时空展演 …………… 033
  四、"捉黄鬼"仪式的组织与"围护" ……………………… 063
  五、"捉黄鬼"活动中队戏和赛戏展演 …………………… 069
  六、"捉黄鬼":作为日常生活里展演的民俗艺术 ………… 075
  附录 …………………………………………………………… 078
  主要参考资料 ………………………………………………… 086

青龙进驾
——冀南姚家岐"大进驾"仪式 …………………………………… 087
  一、山穷水涸:村落语境 …………………………………… 089
  二、酬神娱人:小山村的大盛会 …………………………… 112
  三、新旧交互:仪式与表演 ………………………………… 119
  四、乐而不淫:壬辰龙年大进驾 …………………………… 140
  五、趣得自然:活动的参与者 ……………………………… 151
  六、大进驾:节日的狂欢与艺术的表达 …………………… 159
  附录 …………………………………………………………… 161
  主要参考资料 ………………………………………………… 163

禳祟纳祥

——冀南武安白府村"拉死鬼"仪式 ……………………………… 164
    一、重教敦善：白府村的"白描" ……………………………… 165
    二、祖先记忆：年年"拉死鬼" ………………………………… 172
    三、谁演"死鬼"：准备与禁忌 ………………………………… 175
    四、傩火送瘟：仪式活动的展演 ……………………………… 178
    五："拉死鬼"：一种调谐现实的文化设置 …………………… 189
    附录 ……………………………………………………………… 192
    主要参考资料 …………………………………………………… 194

后记 ………………………………………………………………… 195

崇孝扬善
——冀南固义"捉黄鬼"仪式

俗话说"百善孝为先",自古及今,中国人很注重孝道,古代先贤为了宣扬孝道文化,甚至编辑出了"二十四孝"的故事。虽然那些故事在现在看来或多或少有些"愚"的意味,但其传递给我们的孝之精神是积极有益的。翻开《孝经》,"身体发肤,受之父母,不敢毁损,孝之始也。"博大精深的孝道文化,在中华民族遑遑几千年的历史长河中,形成了各式各样的信仰与仪式,有些都已经深入民众的日常生活,成了他们生活模式的一部分。在许多村落里,孝道文化以及劝人向善,都已经成为村民的基本共识,他们在传统节日里,将此融入进去,形成了独具地方特色的信仰仪式与活动。冀南的固义村就将传统的"孝道文化"融入到了颇具地方特色的"捉黄鬼"仪式当中,每逢年节都会隆重上演,这一活动既是村民们愉悦身心的狂欢盛宴,又能寓教于整个仪式并向人们传递着古老的"孝道"精神。本篇故事就从固义村的"捉黄鬼"仪式说起。

一、村落概况与村民日常信仰生活

固义村的"捉黄鬼"仪式源远流长,固义村村民的生活世界和精神信仰世界共同构成了"捉黄鬼"仪式的大语境。也许我们在领略过村民生于斯长于斯的包括自然环境和社会人文环境的生活世界,以及丰富多彩的精神信仰世界之后,才有可能读懂这一场场"捉黄鬼"仪式为何能长盛不衰,为何能如此气势磅礴。下面我将用较多的篇幅来介绍固义村村民的生活世界和精神信仰世界。

(一)河滩故道:村民的生活世界

自然环境和社会人文环境给固义村村民的日常生活提供了特定的时空观念。正是这样的一种时空存在,才孕育了"捉黄鬼"这样的仪式活动。

1. 自然地理状况

固义村位于冀南太行山区的东麓，南边是南洺河古河道；村北边有一条绵延数里的黄土冈，它像一堵挡风墙遮挡了部分来自西北的寒风，村子则按照黄土岗的走势呈现出东西向延伸的趋势。但随着人口的增多，许多村民已经将房屋建在了黄土冈之上。就地形地势来看，该村基本上位于古洺河河滩之上，村子自北向南成一定坡度下延，古河道对岸是低矮起伏的鹊峨山。据县志记载，这条古河道原是南洺河的一条支流，曾经长年经流不息，水位较高，河流两岸村民进行日常交往，需要船只摆渡。近百十年来，受到气候异常，降水总体偏少的影响，该河流上游水源断绝，以致该河已经干涸数十年，在春季大风和村民的人工努力下，古河道和河滩遂逐渐趋于平坦，形成一块较为平整开阔的空地，村民多在这块空地上开垦耕地，种植庄稼和蔬菜。

就气候方面来看，该村属于大陆性明显的温带季风气候，冬季寒冷干燥，夏季高温多雨，春季气温回升较快，且多大风天气，地表水分极易蒸发，加之此时节雨季尚未来临，降水偏少，因此易出现春旱现象。有的年份受到来自西北部的冷高压气流影响，易在初春、秋后出现寒潮灾害，使农作物受损严重。该地全年无霜期220余天，年平均气温在14℃左右，适宜大部分北方旱作农作物的生

捉黄鬼期间的固义村外景

长，且生长期较长。农作物熟制一般是两年三熟，有些经济作物可以实现一年两熟。由于其地处冀南与河南交界地区，位置偏南，作物耕种与收获一般早于北京15~20天，当地种植小麦的谚语"寒露早，立冬迟，霜降种麦正当时"，而北京地区同样的谚语则为"白露早，寒露迟，秋分种麦正当时"。两地冬小麦种植时间相差一个节气（两个节气之间大约相隔15天）。

据县志记载，该地土壤多为白色潮土，即俗称的沙土地，土壤保墒性较弱且下渗严重，适宜种植花生、萝卜等土层下结果的作物。还有部分土壤是黄土，主要分布在村北边黄土冈上，黄色土壤相对较为肥沃，黏性较强，易于保墒，适宜种植小麦、玉米、谷子等对水分要求相对较高的作物，且产量不低。

该村现在宜耕地3200多亩，主要分布在村子的四周，其中北边的耕地主要分布在黄土冈上。过去该村村民以种植业为主，家庭收入主要为农业收入，经济水平较低，且在南洺河断流之后，作物给水不足，基本处于靠天吃饭的状态，大部分村民生活较为贫困。据说在1946年，河北省实施第一次土地改革时，发现该村没有地主，因为按当时政策规定拥有不低于100亩耕地则为地主，而固义村当时拥有土地最多的农户不过24亩，顶多算作富农，村中人多地少的状况由此可见一斑。该村没有矿藏，但距离该村不远的固镇则有铁矿石矿藏，因为这个地区冶铁历史十分悠久——据说早在汉代就已有冶铁记载。现在，随着周边这些村镇矿藏的开发，村子里一大批年轻人都到周边村镇甚至武安市钢铁厂、煤厂上班，部分中青年村民也在农闲时节到附近村镇工厂打工挣些零钱贴补家用。固义村现有耕地主要种植冬小麦、玉米等粮食作物，部分种植谷子、棉花等经济作物。部分农民在开垦的荒地上种植菠菜、萝卜、韭菜等蔬菜作物，除了满足自己需要极少拿到集市上出售。

2. 人文社会环境

固义，亦作顾义、故亦。现有村中西阁重修庙碑记中，对村子的历史有所考证："古亦现名固义，村其北倚八里长沟，南怡洺河水畔，负阴抱阳却人杰地灵。东迄齐鲁，西抵秦晋，东马往来之重，乃亘古交通要塞，伏魔大帝雄踞城阁之首，威震八方而安居乐业，慈善观音面朝街坐兑，方藏风聚气为三吉六秀之贵，保佑黎民世代昌盛诚信，奉祀三爷显灵，然岁月风调雨顺，据县志记载，在元明清时，古亦里为武安两乡十三里之一，辖二十三庄。村中古庙森立，仙殿是理政众所评理之地，所谓古即古事层出，傩文化无穷，知礼仪且英烈浩然。街内门铺

会首刘二计数说碑刻历史

宏张,集市繁华,西阁外驿站张灯喧哗达晓……"①

从地理位置上看,固义村及其周边几个村落基本上处于晋、冀、鲁、豫四省交界的地方,方言俗语多呈现出四省混糅的特点。该村西距现在所属的冶陶镇1.5千米左右,东北距武安市25千米,东边紧邻徘徊镇牛庄,南部与新庄村隔南洺河古河道和鹊峨山相望。一条宽十余米的水泥路将固义村和冶陶镇、徘徊镇连为一线,向东北能够与前往武安市的大柏油路相接。该村南部低矮的山峦之间,青兰高速(青岛到兰州)在此经过;北边不远处则有309国道经过,交通相对便利。据县志记载,旧时,通往山西的大道紧邻该村通过,车马贸易较盛,村内多有车马店、饭店、茶馆等,曾经较为富裕繁盛。

资料所限,该村的具体成村年代已经不可考,但据该村佛堂寺内现存的一块残碑碑文可以看到,早在后周显德年间(954—960)该庙即已建成,并有僧人主持,表明该村(至少是现址)早在一千余年前就有村民聚居,并且规模应该不小。然而,从那时起直至明清时期,几乎再无成文字迹存世。现有的文字记载能够推断出该村最迟不晚于明永乐年间(1403—1424)形成规模。

据村民介绍,固义村村西南几百米处,曾有一个村落名为小南村,只是后来这个曾经兴盛一时的村子逐渐消失,最终只剩下一些残砖碎瓦散落在村南边的农田里。

小南村比固义村早,在固义村之前就有,后来固义村现在这个地方开始有一户两户的居住,再到后来,一大批村民从山西洪洞县迁过来,都定居在固义村里,据说这里面有个风水先生,他设计固义村整个像一条鱼,村子里的旱池沿子就是鱼的肚子,小南庄正好处于鱼头的位置,固义这条鱼吐泡泡,就把小南庄的风水给破坏了,后来那个村子败落了,许多村民迁到了固义村,还有些散落到其

---

① 这是嵌入西阁关帝庙墙内的石碑上的碑文。

他的村子里了。①

晾晒"旗牌"

1940年以前，固义村隶属于河南彰德府武安县管辖，曾一度成为"里"，管辖周边十几个村子。现在"捉黄鬼"仪式中许多重抄于民国以前的演出"都本"和"表文"落款大都是河南彰德府武安县。上文已经介绍，该村依村北黄土冈的走势，呈东西条状分布。村子里现有三条主街，分别为前街和后街，还有一条就是村南边的水泥路，现在比较繁华的是前街，该街也是"捉黄鬼"仪式的主要展演场地之一。前街为石板铺就，约有五六米宽，由于历经久远，这些石板大都已经被磨得光滑锃亮。村子里就是房屋建筑和新式房屋建筑交错列布，据笔者观察，现在村中的旧时房屋建筑不超过五分之一，其中，村民丁文科家的旧式房屋还保存比较完整，大抵为四合院式的高宅大院，北房是一座高数米的二层楼，西房和东房也修得比较高耸，整个建筑都是青砖瓦修成，大门楼上都镶有花砖，并在门楣角处会有花鸟鱼虫等寓意吉祥的图案。新式房屋建筑则一般是两层四合院式建筑，大门楣角大都镶有"清雅贤居""幸福之家"等吉祥语。

---

① 访谈人：李向振，访谈对象：丁文科，访谈时间：2012年4月22日，访谈地点：固义村丁文科家中。此段根据丁文科口述整理而成。

西阁：威震山河——"故亦"　　　　　东阁：曾长期是村支部的所在

　　据村民介绍，该村曾经有阁子六座，分别为东阁、西阁、南阁两座、北阁两座，现在这些阁子中，还有东阁、西阁、南边一阁保存比较完整，北边二阁都已破败不堪。旧时，这些阁子每至晚上就要关闭，外来人员一律不得入内，能够起到很好的防御作用。但随着村子里的人口增多，原有宅基地不再能够满足村民住房需要，许多村民开始将房子建到了阁子之外，现在犹存的五个阁子基本上都被周边的新式房屋建筑围拢在了村中心部位。这五个阁子中，东、西阁和小南阁（村民称现存的南阁）是桥洞式的石砌通道，北边的两个阁都是三眼阁，相当于丁字路口式桥洞。每个阁子上面都建有关帝庙，据介绍，过去每逢初一、十五，四时八节村子里上了岁数的老人就会到关帝庙烧香。现在，除了南阁和西阁上的关帝庙和火神庙保存得比较完整外，其余几个阁子要么挪作他用，要么破败不堪，尤其是北边的两个三眼阁，远远望去，坍圮破败的关帝庙在寒风中瑟瑟发抖，似乎在向每一个路过的人们诉说着村子的过去和现在。虽然庙塌了，但它们在村民心目中的神圣地位并未减退。逢年过节，村民会自发写一些寓意吉祥的红纸条，贴到庙门或庙墙上。2012年笔者到该村田野调查时，村民刘二计还特地带我到了北边的一个三眼阁子，并指着嵌入阁墙、早已字迹难辨的石碑说："这个阁，早在清道光年间就有了，字碑上写得明白，现在都坏了，没人修，可惜了……"说着还直摇头，脸上透露着朴实的无奈。

村子现有居民 700 余户，3000 余口，均为汉族。据介绍，村子中董、丁、李、刘、王等为大户，这些家户原来大都有自己的祠堂，以祭祀祖先。不过随着 2011 年李家祠堂被拆毁重新建造新式房屋，这一象征族群认同的物质载体悄然于历史陈迹中了。现在关于祠堂的历史，除了原来李家祠堂正门口那一面镶嵌到街对面的墙里去的影壁之外，基本上只存在于上了岁数的村民的口耳相传之中了。说起李氏祠堂，有村民说："咿呀，那个李氏祠堂可了不得了，前些年还比较完整，

西阁阁楼关帝庙中的关公塑像

结果人家李氏人要盖新房，村子里批不下地来，正好将祠堂拆毁建了新房了，这么个古董没保护，可惜了……"①据研究发掘固义村"捉黄鬼"仪式的杜学德先生著述记载：

> 固义村中安、何、鲍、董等姓是老户人家，现在人口不多。丁、刘、马等姓为明代移民时从山西洪洞县迁来。李姓有两支，一支是村上老户人家，一支是明代从山西迁到固义附近的村庄，后来又迁入固义村的。②

过去太行山区的村落私社众多，许多私社③因本身的主要活动或社人成分而有专名，如亲情社、官品社、女人社、坊巷社、法social、香火社、燃灯社等等。这

---

① 访谈人：李向振，访谈对象：张天云，访谈时间：2012 年 1 月 31 日，访谈地点：固义村张天云家中。
② 杜学德《武安固义的社火傩戏〈捉黄鬼〉》，载于《节日研究（第四辑）》，济南：泰山出版社，2011 年版，第 95 页。
③ 私社，在我国社的观念产生较早，《尚书》《诗经》等先秦文学中就已有很多记载，然而直到汉代以前，社都和里并在一起，称为里社，是国家的基层管理组织，到了汉代私人活动而结成的社开始逐渐兴起，是为私社。唐以后，私社更为兴盛直至现在。

三眼阁上破败不堪关帝庙

些社根据目的大体可以区分为两种类型：一种是从事制度性宗教如佛教或弥散性宗教如民间神祇信仰而结成的"神社"；一种是主要从事经济和生活的互助，其中最主要的是营办丧葬，还有农田水利等，武安县志也有此记载。固义村位于太行山东麓地带，自然也承袭了太行山区村落组织的特点，形成各种村民自组织社，在现存的佛堂寺内一块残碑上，有"玉皇社""南关帝社""火神社""老爷社"等"神社"的碑文记载，以及"田禾社"等主要关注农耕经济生活的私社。不过现在这些社已经不复存在，倒是过去以姓氏家族和聚居范围形成的"一社三户"还完整地存在，并成为固义村整体布局的关键之所在。所谓"一社三户"指的是西大社、东王户、刘庄户、南王户，本来受其形成原因的影响，这几个社并没有很明确的目的，但随着"捉黄鬼"仪式的兴起，这几个社都有参与其中项目演出，因此现在这几个社除了日常生活中有所区分外，村民社的认同在仪式活动中也得到了部分强化。

上文已经介绍，村民的日常收入在过去以农耕为主，现在年轻人和中青年村民外出打工所得收入已经超过或赶上农耕收入。村子里前街上散列着小卖部、肉铺、药铺、铝制品铸造铺、衣服店等，这些店铺基本上能够满足村民的日常消费需求。在现在的村子中间靠东一点的地方有一个"旱池沿子"，据说这是过去为防干旱蓄水用的，不过现在早已干涸，甚至成为了附近村民的垃圾池。西阁南边还有一个简陋的戏台，每次"捉黄鬼"仪式中赛戏和其他文娱演出都在这里举行。2012年4月笔者重访固义村时，该旧戏台已经被拆除，代之而起的是一座新式戏台。

（二）"全神村"：村民的信仰世界

提起固义村的庙，稍微上岁数的村民都如数家珍，过去这个村子曾有佛堂寺（俗称大寺）、老师庙（现为玉皇大帝庙）、关帝庙、土地庙、河神庙、奶奶庙、胡爷庙、火德星君庙、龙王庙、老爷庙、五道庙、马王庙、观音堂、仙殿等大大小小十几个庙宇。年介八旬的董丙贵说："我小时候，这个村子光大庙就有72个，小庙更多了去了，数不清。"① 虽然几经波折，许多庙宇已经坍圮，甚至其原址都难以寻觅，但人们对于庙里曾经供奉的神祇并未忘记。时至今日，尚存的庙宇包括观音堂、西阁关帝庙、西阁火德星君庙、大寺、火神庙、胡爷庙、南山奶奶庙、仙殿、南阁关帝庙等，每逢初一、十五，四时八节都有年长的村民进庙烧香。

"别的村子，也信神，但他们信的不如我们村多，我们村光仙殿就有一百单八神，都是大神，我们固义就是个全神村。"② 一句话道尽了固义村民的信仰世界。

1. 仙殿与全神信仰

仙殿位于村子中间的位置，是西大社与刘厄户、南王户等社交界的地方。仙殿由前后两进的房子组成，后殿是正殿。现在的仙殿已经破败不堪，后殿几近倒坍，空荡荡的没有任何标志性的东西。前殿更早已被改造成为一个肉铺。然而，据村民介绍就是眼前这个坍塌几坠的破建筑，曾经可有一段辉煌的历史。旧时县官下来公差办案也在仙殿（也相当与县里临时办公点）办公。如果四庄八村有纠纷事项需要解决，旱池沿西边有"四阶台"讲理。古传说，"你有理没理到四阶台上说"。现在破败的山墙里还镶嵌着一块字迹早已模糊的带有"清道光年间"字样的石碑。在"捉黄鬼"期间，村民把玉皇大帝的神牌放置在仙殿的正中，其余各位神仙名列两班。有村民开玩笑的说，"仙殿就是神仙的旅馆，人间不是有旅馆

---

① 访谈人：李向振，访谈对象：董丙贵，访谈时间：2012年2月1日，访谈地点：固义村董丙贵家中。
② 访谈人：李向振，访谈对象：董丙贵，访谈时间：2012年2月1日，访谈地点：固义村董丙贵家中。

装饰一新的观音堂

吗,神仙也有,他们在'捉黄鬼'期间,在这里歇歇脚。"① 由于下文对"捉黄鬼"仪式对此有详细描述,这里就不再赘述。

2. 大寺与火神信仰

佛堂寺,村民们一直将其称作"大寺"。大寺建在村子里最高的地方,据嵌入山墙上面的"重修禅室序"及县志记载,早在北周时期该庙就已有僧人主持。当然本村村民丁文科认为:"固义佛堂寺应该说是汉代或唐代建,后周是重建,明万历帝又是重修。"现在的大寺主要有东房、西房、南房和北面的三间大殿组成。20世纪六七十年代,该寺院除大雄宝殿、阎王殿和火神殿以外,全部用作本村小学学校,直至前些年村东头修建了新式小学之后,学生才移至新学校读书,现在在那些废旧教室的黑板上,还能看到粉笔字。学生搬出大寺之后,这个院子基本处于废弃状态,院内杂草丛生,北边的大殿也呈现出不同程度的坍塌。大雄宝殿里赫然摆放着释迦摩尼、阿弥陀佛、药师佛三尊佛像,这三尊色彩鲜艳的佛像与年久失修的殿房形成鲜明对比。

---

① 访谈人:李向振,访谈对象:李增旺,访谈时间:2012年2月3日,访谈地点:固义村仙殿中。

佛堂寺大雄宝殿

这三尊佛像是我自己用了13年的时间，花费了七八千元重塑的。这个大殿地面到后梁椽板头3.34米，地平面到椽板3.80米，地平面至神像3.44米。神台高度0.80米，地平面到佛祖头顶3.20米，神台宽度1.40米。我本来想重建大殿，实在没办法，我现在年纪大了，也没有这么多钱了，建不起来了，你看看现在大殿的后山墙已经塌了，过不了多久，佛像就被淋坏了。①

大雄宝殿东边是阎罗宝殿，也是破败不堪，早已成为一个空房子。相比来说，南边的火神殿就比较完好。火神庙有北、西两个门，西门正对着大寺山门，上面贴着一副对联，上联写着"星居离位文玥照"，下联写着"威震南方气象尊"，横批是"华光大帝"②。当地村民认为，正月初七是火神爷生日，在这一天要

---

① 访谈人：李向振，访谈对象：丁文科，访谈时间：2012年2月2日，访谈地点：固义村大寺里。

② 其实，在道教诸仙当中，华光大帝是其护法四圣之一。相传其姓马，名灵耀，老百姓称其为马王爷。只因为他长了三只眼，又有俗语称："不给你点厉害尝尝，你不知道马王爷有三只眼"。相传，华光大帝是南帝，掌管火之神。又有说，华光大帝本是佛灯的灯芯，因听经日久，化为火精，从此执掌人家诸火。

火神神龛及供品

举行声势浩大的祭拜火神的仪式。

  2012年的1月29日是正月初七,这一天很早的时候,西大社社首李增旺就已经起床安排祭拜活动。据说,这个祭拜活动主要是西大社主持进行的。① 李增旺介绍,他在前些天就已经邀请了东王户、南王户和刘庄户的社首准备一起祭拜。西大社准备了三四桌贡品,主要有馒头供一桌,一共25个;一桌麻烫(馃子)供,共25个;另外还有五碗白饭,每碗饭上斜插着一双红筷子;还有五碗素菜,三柱大香。盛放供品的桌子都用写有"寿"字的黄绸布蒙着。大概上午11点左右,所有文武执事都基本准备齐备,祭拜队伍由原李家祠堂门前开始,浩浩荡荡地由东向旱池沿子出发。队伍出发前,先放了十余个爆竹,另外还有一个火铳手,他负责放火铳,一方面是为了把祭拜消息传遍整个村落,让所有村民做好准备祭拜,另一方面也为队伍开路。其后面是两面大锣,谓之鸣锣开道,随后是

---

  ① 由于从地理位置上看,大寺位于西大社境内,所以祭祀火神基本以西大社为主,每年举行时,都有西大社牵头邀请其他三社村民前来参加。

焚烧纸锞祭火祖

写着"武安顾义西大社"的旗子,紧跟着社旗的是十余面彩旗,都是由小孩子扛着。彩旗后面是一面龙虎旗,龙虎旗后面是贡元(两个)、登仕郎(两个)、修职郎(两个)、国子监(两个),接下来是大鼓,由两个年轻小伙子用红油漆过的扁担抬着,有一个小伙子按一定的鼓套敲鼓。鼓后面是大小镲,接着是一面蓝旗,四面虎旗。当队伍经过准备好的供桌时,抬供品的村民将供品抬起跟了上去。供品后面是龙头、金瓜、马镫、斧、钺、判官笔、凤头各两个,再后面是一些拿着烧纸的村民。

  到了旱池沿子的时候,其他三户的队伍早已等候多时,他们与西大社不同的是,他们没有准备供品,同时也没有旗牌伞扇等文武执事。西大社的队伍在前面,其余三户在后面跟着,围着旱池沿子逆时针转一圈后,整个队伍开始向大寺进发。大概 11 点半左右,队伍到了大寺,许多好事的村民早已在那里等候多时,有的甚至拿着一些麻烫祭拜了大雄宝殿的佛祖。四个大鼓被抬到大寺院子里的空地上安置妥当之后,敲鼓手继续敲鼓,而负责燃放爆竹的村民也将烟花爆竹准备好,等着会首一声令下,就将所有的鞭炮一起点燃。供品安放在正对着大寺山门的火神殿西窗口下,会首李增旺把三炷大香点燃,然后念诵"火神祝":

河北省武安市固义村合社人民等，谨以香楮庶品之仪致祝于火官尊神之位前曰：炎炎灵光，赫赫声扬，职司丙丁，位临南方，救灾恤苦，济急消殃，时逢寿诞，礼宜称觞，扫除灾祸，普赐吉祥，聊其薄献，恭惟尚飨。二零一二年正月初九，合社同叩。①

祝毕，会首将写有该祝文的黄表纸点燃，并指示点燃鞭炮，号召全体村民给火神三叩首。前来的所有村民，无论男女，一并给火神叩拜，以求平安。叩拜完毕之后，几个西大社的会首留下等着象征钱物的黄纸燃尽才走，以防引致火灾。

3. 玉皇庙与玉皇信仰

固义村的玉皇庙是在原来"老师庙"的基础上改建的，原有的"老师庙"在"文革"时期"批林批孔"运动中被拆毁，原属庙的宅基便一直荒废了。

按地理位置来说，玉皇庙位于刘庄户村民聚居的区域内，所以主持玉皇祭仪式活动的牵头人就成了刘庄户社首刘奎昌，他在前一天或者几天前要向其他三位社首发出邀请。不知何故今年刘庄户会首并未通知南王户和东王户，因此，今年玉皇祭只有西大社和刘庄户参加了。玉皇祭和火神祭的仪式整体没有什么太大的区别，只是这一次两社都准备了供品，贡品大体上也都和火神祭差不太多，大体上是馒头、麻烫、菜、饭菜等，两社供品摆在在玉皇塑像前，合并一起供在桌上，颇为壮观。参加玉皇祭的村民明显比参加火神祭的村民多，而且可能由于玉皇庙旁边紧邻着"泰穌九宫"（主要祭祀几位女神）的缘故，前来进香的女性村民特别多。

在供品摆放好之后，刘庄户社首刘奎昌开始诵读"祭祀玉皇表文"：

伏惟

中华人民共和国河北省武安市冶陶镇固义村社首们善男信女及众乡亲为玉皇大帝寿诞之日敬备满斗焚香纸麻银钱菜馔果品奉献神前，致祭于供奉昊天金阙玉皇大帝之神位前曰：敬请神灵下坛来格来享，祝寿之后佑俺风调雨顺、国泰民安、五谷丰登、人人健康、逢凶化吉、永无灾难、致富发财、万事如意、各个平安。全体村民重谢恩神。全体社民同叩首。

2012 年正月初九日

---

① 值得一提的是，现在能看到的该祝文传自清光绪年间，旧时的表文抬头写的是"河南省彰德府武安县固义村合社村民等"，落款也是"大清某某年"。现在武安市已经划归河北省，因此表文抬头都发生了改变，以下所有的祝文情况相同。

会首刘奎昌准备着祭祀玉皇的供品

当会首读到"全体社民同叩首"时,负责音响设备的村民,就通过扬声器号召全体前来的村民都要磕头,未读完表文的刘奎昌也跪下磕了个头,然后起身继续将日期诵读完毕。这时候村民们的表情是十分轻松的,有些年轻女性村民甚至笑出声来。通常看来,在这种"严肃"的场合下,村民任何含有不敬神明的举动都是被禁止的,可在这里,我们却发现不仅部分村民的"失敬"行为未得到禁止和警告,甚至连组织仪式的会首们也都表情轻松,几乎和日常生活没什么两样。刘会首诵读完了之后,还语气十分轻松地说了句:"完了。",许多村民对此又是报之一笑。在这种画面下,我们不妨这样假想,村民们在这种严肃的祭祀场合表现得比较轻松,恰恰说明了村民对于这些神祇笃信之深,他们只不过是想用一种更为"日常"的方式,把"神"拉入到他们的生活中去,试图实现神人合一的理想状态罢了。神祇带给他们的那份神圣感其实并没有因为他们显得"不严肃"的行为而减弱,相反是在通过生活化将其内化为自己最核心的观念标准。

4. 观音堂与观音信仰

观音堂,村民常称之为西卷棚,该庙堂坐西朝东,门上贴有一副手写对联:

"柳枝慈露滴，莲座瑞烟生"，门柱上贴有："出南海驾祥云霞光万道，杨柳枝净水瓶流满乾坤"，两旁房柱上写着："普陀山上慈悲王，紫竹林中观世音"，门楣上贴着同样红纸手写黑字"观音堂"。据介绍，每年这几副对联都要更换新的，但内容改变不大。

我们能够看到的观音堂建筑是一座很小的二进独院，主要有门房和庙堂两座建筑构成，门房与庙堂之间有狭窄的露天缝隙。庙堂是一间青砖硬山起脊瓦房，东向房檐与东山墙之间有半米左右廊子，进了庙门，走到能够看见蓝天的狭小"天井"，就能看到庙堂的房檐，登上三级石磴，约半米就是庙堂门口，庙里面供奉着一袭白衣的观音大士圣像。据立于"天井"的一块石碑记载，该庙最近一次大规模重修是在民国十五年（1926年），根据其他残碑记载，该庙在乾隆时期曾进行过修缮，由是看来，该庙建造历史比较悠久。在走廊的北侧，供奉着"白眉三郎"的面具圣像，圣像被安放在一张供桌上，桌面全部用红色绸布包裹，圣像前面有一个牌位上写着"侍奉咽喉司白眉三郎之神位"，牌位旁边放着三个酒盅和一个香炉。桌帷子由金黄色绸缎围裹，里面还有一块六边形莲花立柱，正面写有"太子千秋"字样，两侧写有"国泰民安""风调雨顺"的字眼。笔者调查过程中，曾冒失地想打开桌帷子看看里面的莲花立柱碑，被随同的村民连忙制止。他说，这是神仙，不能给人随便看。然后很虔诚地对着圣像磕了三个头，说："老三爷啊，他不是个坏人，他们来调查是想给你老人家扬扬名，不要难为他们"。念完，说现在可以看了，不过不要拍照。

在举行"捉黄鬼"仪式的时候，观音堂前一直十分热闹。举办前，演员敲鼓排练就在门房里面。活动开始之后，几乎每天都有活动在庙里或庙外空地上进行，下文有详细介绍，兹不赘述。

固义村村民对于观音的信仰主要表现在日常生活中。庙堂专门有一个看庙的老年妇女，名为张彩玲，1933年出生。她负责管理固义村观音堂和西阁上的关帝庙已经有十几年了。据她自己介绍，初一、十五她都要给菩萨烧香行好，村里也有其他中老年人前来行好。农历二月十九大士生日的时候，前来烧香的更多。

5. 楼阁与关帝信仰

上文已经介绍过，固义村现在还保留着五个阁子，南阁和北边二阁近几十年几乎没有进行过任何修缮，尤其是北边二阁阁楼几乎已经完全坍塌。东阁由

村民在观音堂前练习击鼓

于早年移作大队支部使用①,曾进行过修葺。西阁最后一次大规模修葺是在1997年,由本村现任书记丁计良的父亲丁贵成先生主持。他不仅重修了阁楼,还对庙中供奉的关公圣像进行了重塑。据嵌入庙墙的石碑记载,该关帝庙在民国二十五年曾有过一次大规模的修葺。南阁阁楼上也有一座关帝庙,这座关帝庙保护比较完整,而且供奉的神祇,除了关公以外,还有关平、周仓等。与其他阁子不同的是,南阁关帝庙在本村的关帝信仰也像观音信仰一样,主要融入日常生活之中,一年之内所有传统的节庆日,"行好的"村民都会到这些庙里烧香磕头。

深深萦绕在固义村村民头脑中的神祇信仰远远不止以上几个,笔者不过是将其中比较有特色的着重介绍了一下。除此之外,在年节习俗中,固义村村民普遍信仰"天地之神",他们将其称为"老爷儿",一般的做法是在北方堂屋正门旁山墙上,设一个小香阁,内贴一张写有"天地三界十方万灵之位"字样的纸马,春节前后几天都要焚纸上供。"老爷儿"在他们看来是人世间最大的神,而作为"一

---

① 现在该村的大队部已经搬迁到大寺附近,已经不在东阁楼上办公,但东阁楼上的铁质保险门还在,牌子也还在门口挂着。

家之主"的灶王爷则是家庭之中最大的神。在他们看来，凡是家中的事情，事无巨细都归灶王爷管。也许长久以来，对老百姓来说，吃饭都是一个家庭的头等大事。他们把灶王爷的纸马贴到厨房里灶上，在他们看来，灶头上的事情解决了，自然别的事情也就顺心了。他们对于灶王的信仰并不光是祈求本家在遇到灾殃之时得到福报，还要祈求灶王升天述职的时候，多向"老天爷"说好话，也许这才是许多村民信仰灶王爷的关键原因。在村民眼里，自己做了坏事如果灶王爷没有向上天报告，那么他就认为上天不知道就不会降下祸殃，做了错事却得不到祸殃，这是另一种形式的福报。"老爷儿"、灶王爷是普通家庭年节习俗中比较重要的神祇，牛马王、土地等不是全村均供养的家神。

由于地处太行山东麓，属于温带大陆性较强的季风气候，降水季节、年份分布都不均匀，旱涝灾害比较频繁。所以，本村村民除了以上着重介绍的六位村落里的公共神祇之外，还比较敬重河神和龙王爷。对于前者，由于近几十年来南洺河已经断流，河流水患已经大为减少，位于村西边的河神庙也萧条下去，前往祭祀的村民不多，也没有了大规模的仪式活动。而龙王爷不仅掌管涝灾，还掌管旱灾，在村民眼里他是司雨大神，对于以农耕为主、靠天吃饭的农民来说，雨量的多寡直接影响到当年作物的丰歉。所以在"捉黄鬼"仪式中，龙王爷是作为其中一位主神被请到仙殿中去享受供奉的，下文在描述"捉黄鬼"仪式时，对此将有详细介绍。

固义村的自然状况和社会人文环境共同提供了村民日常生活和仪式展演的村落时空，村民的日常信仰和神祇观念则为"捉黄鬼"仪式提供了合适的传承理念。"捉黄鬼"仪式"崇孝扬善"的观念正是村民千百年来对生于斯长于斯的土地的感情写照和年复一年、日复一日辛勤劳作的身体感受。接下来我将从"捉黄鬼"仪式的渊源及发展历程、仪式的时空展演、仪式背后的组织者和观众以及仪式中展演的剧目等六个方面，力图呈现出发生在冀南固义村的"捉黄鬼"仪式活动的立体图式，同时展现其贯穿始终的"崇孝扬善"的朴素理念。

二、"捉黄鬼"仪式的渊源及发展状况

固义村的"捉黄鬼"仪式也叫作"大抽肠""跑鬼"，是一整套围绕着"捉黄鬼"动作进行的仪式活动演出。换言之，"捉黄鬼"只是整个演出的一个有机组成部分。除此之外，还有许多其他附带的仪式以及文娱演出活动。

（一）村民们口耳相传的缘起故事

"仪式活动旨在重构一种情景，而非再现一个事物。仪式确实是一种模式化的活动，不是真正的实践活动，但是，仪式并非与实践活动毫不相干，它是实际的实践活动的再现或预期。"[①] 固义村"捉黄鬼"的确不是再现一个事物，而是在每一次表演中都重新构建一个情景：本村人要给自己信奉的"白眉老爷儿"演出一个名为"捉黄鬼"的活动，其间本村守护神白眉三郎要邀请三界诸神共享盛事。所以整个"捉黄鬼"仪式活动实际上是分为两部分的，一部分是"请神看戏"，另一部分是"表演节目"。其中"请神看戏"部分又包括两部分：一是请白眉三郎，二是代表白眉三郎请其他三界诸神；表演节目部分也包括两个部分：一是"捉黄鬼"仪式，二是秧歌、旱船等民间花会表演，在这两部分的表演中分别穿插着"队戏"和"赛戏"的表演。

分析清楚"捉黄鬼"仪式的结构之后，我们不难发现，要想追溯"捉黄鬼"仪式在固义村的缘起，必须从其对白眉三郎的信仰说起。白眉三郎是什么人呢？以下是村民口耳相传的故事：

> 春秋时期秦庄王十三太子，游历到晋国见晋国恶少拦街虎当众作恶，霸占民女，十三太子十分气愤，上前教训他，用力过猛打死拦街虎。为避晋兵追捕，十三太子来到顺德府，唐山县（今河北省邢台市隆尧县）镇殿村。十三太子说明自己遭追捕，村民让他穿上戏衣和村民一起娱乐。后来，十三太子来固义村病倒，不能行走，鹊娥山下村民给他请医治病，他也为村民做过不少善事。后来，他坐化鹊娥山下，人们将其供奉于鹊娥山妈妈后。[②]

对于白眉三郎的由来，在队戏"点鬼兵"□，掌竹有一段念白：

> 金骨朵银樽玉把，单行动神鬼皆怕，因为他正直无私，白眉三郎当坛坐下。
> 战国春秋将前来保驾，敕封七十二司内加一司，出现报司，敕封为咽喉司都巡按，阳间太急神，战国春秋将，起名唤英雄，打死拦街虎，云游天下行，晋兵

[①] ［英］简·艾伦·哈里森著，刘宗迪译《古代艺术与仪式》，北京：三联书店2008年版，第13页。

[②] 访谈人：李向振，访谈对象：丁文科，访谈时间：2012年2月2日，访谈地点：固义村丁文科家中。根据丁文科的讲述资料整理而成。

来追赶，隐藏乐和中，欧方献白马，老爷得逃生。路过鹊娥山，疯疮疖缠身，儒医来点化。咽喉一点痛，白眉留两道，颌下留二唇。坐化鹊娥山，显化与争宗。争宗回朝转，并无爷行宫，司内多加一，敕封咽喉宫。好骑白马身穿红，鹊娥山前显威灵。手执骨朵催香烟，白眉三郎点鬼兵——①

　　从这两种民间口头叙述的内容来看，上面口耳相传的一则实为下面"掌竹"念白的通俗版，主要讲述了该村独有守护大神咽喉司白眉三郎的出身、遭遇以及羽化成仙的过程。白眉三郎成了神仙之后，经常为村民做好事，村民每遇难事都去祈求这位守护大神护佑，这样久而久之，村民们对这位大神就更加信奉不已。为了表示对这位大神的信奉，不仅为其塑像在南山（鹊峨山）修了奶奶庙常年祭祀，还在每年农历四月十五（据说，这一天是白眉三郎的生日）举行庙会（此庙会直至现在每年都在举行）。那么，从什么时候开始，又在元宵节期间糅进了"捉黄鬼"仪式活动呢？从当地学者杜学德先生搜集的下面一则民间故事中，我们或许可能看出一点端倪：

　　在明朝中叶从"口外"传来的，"口外"指晋北和内蒙古一带，实际上是从河北蔚县境内学来。那时候固义村人丁端到口外给人家割大烟挣钱糊口，秋末冬初，他得了一场病，轻一阵重一阵，一直病到腊月。有天夜里，丁端在似睡非睡中忽然听到一阵銮铃响声，接着是开门和马蹄进院声，来人把马拴在院中树上便进了屋。丁端睁眼一看，炕前站定一位身高余丈的威武人物，一身武将装束，脸上两道白眉特别明显，他问丁端："你想病好吗？"丁端说："咋不想好啊。"接着反问来人："将军，你是哪里人啊？"来人说："我是固义人，咱是老乡。"丁端心想，固义村东头到西头的人我都认识，没有这个人啊，就问："你在固义村哪里住啊？"来人说："我在固义小南庄住。"说着从口袋里掏出两包药，递给丁端，说："用白开水送到腹内，几天就好了。"丁端感激地说："我怎么感谢你呀？"来人说："不用感谢，你回家时把一副对联给我捎回去就行了。"顶端说："对联在哪里？"来人说："到时候就有了。"说着就牵马走了。丁端想追出去问个明白，一翻身忽然醒了，原来是一场梦。他躺在炕上，细想梦中情由。小南

---

① 访谈人：李向振，访谈对象：丁文科，访谈时间：2012年2月2日，访谈地点：固义村丁文科家中。根据丁文科的讲述资料整理而成。

庄？洺河滩南边就有一座奶奶庙，白眉三郎爷塑像也在里边。啊！难道是三郎爷给我送药来了？从那天以后，丁端的病一天天好了起来，他想回老家过年。掌柜的说："你病了一冬天，离家那么远，冰天雪地的怎么行。给家捎封平安信，过年后暖和了再回去吧。"丁端听掌柜的话有理，就打消了回家过年的念头，过罢大年，就听人们说，过正月十五时，附近各村子都扮演节目，到小五台山（在河北蔚县境内）山门前演出，可热闹哩。丁端想，我也爱看节目，到时候一定去看热闹。

正月十五那天，丁端和伙计们向掌柜请了假，一同到小五台山看热闹。丁端循道走到山门，回头往下看，左边一行是高跷、武术、花车、旱船等，右边一行是《捉黄鬼》《岑鹏马武夺状元》和高阁大架等。两行节目，跟一副对联一样。丁端心想，这不就是白眉三郎让我捎的对联吗？想到这儿，他对各种节目看得更仔细了。边看边琢磨，《捉黄鬼》和《岑鹏马武夺状元》等很有意思，老家各村都没演过这种节目，我着重就学这几样吧。

过罢正月十五，丁端抽空还往演《捉黄鬼》的村子去了两次，详细询问《捉黄鬼》《岑鹏马武夺状元》的角色、化妆、排演和唱词抄本等，终于学到了手。进了二月，天气暖和了，丁端的身体也恢复了。他跟掌柜请了假，要回家一趟。丁端回到固义村，把身患重病、夜梦白眉三郎送药、小五台山演出《捉黄鬼》等节目的事给本族的人说了，引起了族人的极大兴趣。他们议论说："咱们排练出来，过年时给白眉三郎演吧。"丁端说："这几种节目用人很多，光咱们丁姓人家演不起来。"族人说："那咱跟李家、马家商量一下，几姓共同演出。"派人跟李家、马家一商量，都愿意参加。

说话不及又秋罢了，村里人都知道村西头三姓人家要排练《捉黄鬼》和《岑鹏马武夺状元》等节目。村东头刘家、南王家和东王家三个家族的人也议论开了，人家排练《捉黄鬼》等，咱们分头排练别的节目，到时候和村西头一起演出不好吗？大家都同意，派人到西头一商量，都说："这更红火热闹了，好啊！"就这样商量定了。[①]

在这个故事中我们可以看出，"捉黄鬼"是丁姓先人从"关外"引入该村的，

---

① 杜学德《武安固义的社火傩戏〈捉黄鬼〉》，载《节日研究（第四辑）》，济南：泰山出版社，2011年版，第96—97页。

并且是受到神启和神助之后,处于感恩的心情将"捉黄鬼"等仪式活动带回本村,进行排练表演,在故事中还提到丁姓先祖还和马家与李家进行商定,共同排演。李姓、马姓都是固义村的大姓,然而,在部分村民看来以上不过是其中一家之言,有村民甚至认为这是"丁姓"村民为了名誉自己编排出来的。持不同说法的村民,有的认为"捉黄鬼"仪式是从山西上党那边传过来的,对于这种说法,曾参加1998年研讨观摩会的山西师范大学教授王福才在其撰写的《河北傩戏"捉黄鬼"源于山西上党赛社考》中表示了肯定,他认为:

固义村位于河北省西南部,与山西上党毗邻,西经河北涉县即到山西上党黎城、潞城等县。两地在风俗、语言等方面有许多共同之处,属于同一文化圈。上党是山西办赛事最集中的地区之一,其赛事活动经涉县传入武安固义,也极易被当地群众所接受。从剧目名称上看,上党"队戏"中亦有同类剧目,称之为《鞭打黄痨鬼》。①

但还有一种说法,就是杜学德先生认为,在邯郸东填池村(邯郸东北二三十里的位置),每年演出的赛戏,无论从演出内容上还是表演方式上,都与固义村赛戏大同小异,即以三国戏为主,如《长坂坡》《战吕布》等。这种说法,笔者并未在村民的讲述中得到证实。不过在现有的几篇研究固义村"捉黄鬼"仪式的著述中,大都表示对第三种说法的赞同。

不管哪种说法正确,我们认为村民们表演"捉黄鬼"仪式一定有其缘起之时,只不过年代久远,加上没有文字记载,当时的情景在数百年的口耳相传之中只剩下片断的记忆了。不过,我们知道不管什么时候人们集体对一件事情进行记忆,多数是为了在重构此情景之时获得合法性,固义村有关"捉黄鬼"的缘起故事也是如此。对于村民来说,什么是真实的并不太重要,重要的是这些传说能否使"捉黄鬼"仪式表演获得存续下去的合法性。如果能,那么这个故事就是真实的,如果不能,这样的故事迟早会在口耳之间失传。

叙述完了白眉三郎的信仰和"捉黄鬼"仪式的来历之后,我们接着分析"捉黄鬼"的仪式本身所承载的故事:

---

① 王福才:《河北傩戏〈捉黄鬼〉源于山西上党赛社考》,载《山西师范大学(社会科学版)》,1995年,第3期,47—49页。

很久以前，固义村有这么兄弟四人和父母生活在一起，老大、老二、老三都很孝顺父母，老四（也有的说是老三）不孝顺。平时对他父母特别不好，好吃懒做，还经常打骂老人。有时候，连邻居都看不下去了，就劝他要多做好事，要不死后到了阎王殿也不得安生。他不但不听，还辱骂邻居，而且对父母也越来越变本加厉。后来，他们兄弟几个死后，由于老大、老二、老三都是孝顺父母的人，平时也多做好事，到了阎王那里就被封成了好鬼，专门负责抓获世上不孝的人。老四呢，由于不孝顺，死了之后就变成了坏鬼，阎三爷就派老大、老二、老三作为鬼差去抓这个坏鬼，上报天庭之后，历数他的罪状，把他判了死刑，抽肠剥皮打入地狱，永世不得翻身。所以啊，你看看，做人得孝顺父母，要不做鬼都得变成个坏鬼，还得受罪。①

狭义的"捉黄鬼"仪式其实就是再现老大、老二、老三捉拿老四归案的过程。在故事中，老四变成了坏鬼，村民称之为"黄鬼"，也许是"黄""坏"音今讹传的，也可能与过去的黄疸病有关，中央民族大学陶立璠教授认为：

固义村傩戏中的黄鬼被赋予两种含义：一是指黄疸病（即甲型肝炎）鬼。仪式中的黄鬼，赤身露体，周身被涂成黄色，象征一种病态。黄疸病在旧时的中国农村是普遍流行的传染性疾病，造成的死亡率很高。所以黄鬼在仪式中被作为驱赶和捉拿的对象，大约含有古傩中"驱鬼逐疫"的性质。一是黄鬼被认为是"人间忤逆不孝"的代表，予以驱赶和捉拿，并由管理冥界的阎王给以严厉的惩罚……②

不管怎么样，固义村村民是将其当作邪恶的代表来看待的，他的三个哥哥被认为是好鬼，分别为大鬼、二鬼和跳鬼。对于他们的表演在下文会有详述，兹不赘述。

以上是整个"捉黄鬼"仪式活动中所包含的三重叙事，在这三重叙事中，我们大体上可以理顺整个仪式活动的脉络，这里面扮演角色的村民其实扮演了双重角色，一重是扮演白眉三郎及受其邀请前来观看演出的三界诸神，一重是给这些

---

① 访谈人：李向振，访谈对象：张天云，访谈时间：2012年2月3日，访谈地点：固义村张天云家。此部分根据张天云讲述的故事整理而成。
② 陶立璠《三爷圣会考察记》，载《民俗研究》1998年第2期，第34—35页。

神仙表演节目的狭义"捉黄鬼"仪式里的鬼差、黄鬼和阎王等。通过这样多重角色互换混演的形式，村民把神祇、鬼和自身彻底融入到了一起，进入了一种神圣的不分彼此的圣境。

（二）父子相传的神秘艺术

固义村"捉黄鬼"仪式活动的繁杂性，不必经过深入剖析，单从其表演结构和叙事结构的多重性上就能窥其大概。上文已经提到狭义的"捉黄鬼"仪式只是表演给"白眉三爷"及其所请"鬼兵"的一个节目，而实际上在村民眼里"捉黄鬼"是一个很琐碎，内容很丰富的一整套仪式活动。通过现在存世的一些碑刻、"赛戏"都本等文献资料和村民口头叙述，我们可以知道最晚在清末时期该活动就已经存在并且十分兴盛了。如果从明清时期开始算起，到现在数百年间，这一整套复杂的仪式和表演程式就是靠"父子相传"传承至今的。在固义村，整个"捉黄鬼"仪式中除了对戏中"吊八仙"和"十棒鼓"是由若干小孩子娱乐性的表演以外，其余几乎所有参演的角色都是父子传承的。当担有角色的村民年老时，他会在自己儿子中选出继承人，将自己所掌握的程式和技艺传承下去。如果遇到老人没有男性子嗣的情况，他可以在本家族内找侄子或侄孙传承。据村民介绍这种父子相传的传统在1949年前比较严格，每一个角色每一种技艺只在本家族内传承，外人不得学习。1949年后尤其是80年代重新恢复以来，这种父子传承的制度不再那么严格。有些村民喜欢某套仪式，可以去找该仪式的传承人学习，不过一些关键的角色还是父子相传。下面简单介绍几个主要角色和技艺的传承。"捉黄鬼"仪式中"掌竹"一角是严格按照父子相传制度传承的，下文将有专节对此角色进行详细讨论。还有重要的组织者"社首"，也会在下文中着重进行分析，兹不赘述。

1. 主要角色及其传承

整套"捉黄鬼"仪式的主要角色包括：演员、为演员画脸的化妆师、负责焰火的"焰瓶"等。狭义上的"捉黄鬼"仪式角色主要包括大鬼、二鬼、跳鬼、黄鬼、阎王，还有作为"观众"的白眉三爷、赵公明等神祇。下面简要介绍四个"鬼"的角色演员。

上文已经说过，大鬼、二鬼、跳鬼和黄鬼，本是兄弟关系，只因为老四不孝顺死后成为坏鬼，所以大鬼、二鬼和跳鬼的扮演者在整个仪式中是比较受人尊重的角色，演员本身也认为出演这三个角色是一件十分荣幸和神圣的事。由于演出时间较长，所以每个"鬼"都有一到两个"备份"。

出演"大鬼"角色在某种程度上是一种荣耀，扮演者多"抢着干"。

壬辰龙年，参演"二鬼"角色的是刘二计和他的侄子。现年62岁的刘二计原是刘庄户人，与先妻育有一女，妻子早亡，现在女儿已经出嫁。大约十几年前，与本村西大社张天云重新组合家庭。张天云是冶陶村人，1970年代末与本村西大社李某结为夫妻，育有二女一子，后丈夫出外打工一直未回。由于刘、张二人是中年结伴，且都有子女，所以孩子们并未改姓。刘二计出演"二鬼"角色，并非其祖传，而是在20世纪80年代该村捉黄鬼活动重新恢复时新学的。

> 我很小的时候就喜欢看村里的演出，尤其是看到那个大鬼、二鬼我就羡慕的很。但小时候看的那个，都是李家人扮演的，这个都是严格的父传子，这都是好角色，谁舍得传给外人？后来，（20世纪）80年代吧，重新恢复的时候，我就找到扮演二鬼的李姓村民，人家一看我这么喜欢这个角色，就传给我了。我现在也老了，准备把这个角色再传给李家人，可惜，现在小孩子不太喜欢这个，我还是把它传给我的一个侄子了。①

据介绍，刘二计自20世纪80年代学习了"二鬼"角色扮演以后，至今差不多27年，曾经演出十几次，颇受村民喜欢。刘二计为人朴实善良，深得村民尊敬，其扮演的"二鬼"活泼生动又不失威严，尤其是各个动作十分到位，也深得村民认可。他于2008年被河北省认定为省级"非物质文化遗产传承人"，而且一直是西大社轮值社首之一。直至今日，他对"二鬼"一角都深爱不已。他认为能够给白眉三爷演二鬼是十分幸运的事情，所以每次在演出前，他都会割脚修指甲以示敬重。他说，在数九寒天扮演"二鬼"，几乎不穿衣服，只穿一个黄坎肩，也感觉不出冷，主要是有神灵保护。

> 你看我，都六十多岁了，不穿衣裳又蹦又跳的差不多一个晚上，从来没生过病，你们年轻人也不一定受得了。当然，这需要心诚，心要不诚，也得不到神的保佑。村子里原来有一个扮演"大鬼"的，他生病了，想借表演"大鬼"来冲冲

---

① 访谈人：李向振，访谈对象：刘二计，访谈时间：2012年2月7日，访谈地点：固义村刘二计家中。

邪气，没想到演出过后立即就死了，因为他目的性太强，心不诚。①

乡民簇拥下的"大鬼""二鬼"

在"捉黄鬼"仪式中，"黄鬼"是一个坏鬼的形象，它是邪恶、不孝、天灾的象征，村民们都不愿出演该角色。在村民看来，演出如此不吉利的角色，轻者可能致病，重者可能早亡，甚至还能将祸殃及家庭。所以，在过去，出演该角色的演员大都是本村孑然一人的光棍或是吸食鸦片的"大烟鬼"，演出之后，给予其一些食物或很少的钱。现在，村里没有吸食鸦片的了，也没有愿意出演该角色的人了。所以，从20世纪80年代恢复时起，就从外村或外地雇请这一角色，并从活动经费中支出一部分作为酬劳。

因为据说凡担任"黄鬼"角色的人，很快就会死去。这次（指1995年春节）"捉黄鬼"仪式中扮演"黄鬼"角色的是一位河南人，叫万玉中，54岁，祖籍河南驻马店，身材十分瘦小。因家乡经常遭灾，他只身一人流落到固义村安家落

---

① 访谈人：李向振，访谈对象：刘二计，访谈时间：2012年2月7日，访谈地点：固义村刘二计家中。

户,至今没有结婚成家。他平时在附近一家工厂做工,正月固义村举行捉"黄鬼"仪式时,请他来扮演"黄鬼"。仪式结束后,他可以得到200元人民币的酬金。①

这是陶立璠先生记载的1995年时的"黄鬼"扮演者万玉中,万玉中在固义村"捉黄鬼"活动中扮演"黄鬼"十几次,颇受村民喜欢,村民们认为他演得非常好。后来不知何故,在最近举办的两三次活动中,"黄鬼"一角的扮演者变成了从邯郸钢厂请来的年轻人。这个年轻人演得不太好,村民们普遍不认可,他演出了大概两次之后就不再被雇请

"黄鬼"跳火堆

了。2012年扮演"黄鬼"角色的演员是附近村子的村民,今年19岁,在固镇铁厂上班。他们村子没有这个活动,他也不相信扮演"黄鬼"会招致晦气,所以,听说固义村找该角色扮演人,他就来参加了。负责教他如何表演的是西大社的扮演几位其他角色的老演员,由于"黄鬼"是避之不及的邪恶物,所以村民给扮演者教戏的时候,选择在黄昏过后。夜幕完全降临,黑暗中,扮演"大鬼""二鬼"和"跳鬼"的几个主要演员,还有几个资深的社首在村子南边的一处空地上悄悄地排练,等走上几圈,"黄鬼"熟悉了自己的路数之后,大家就悄悄散去,并不声张。"黄鬼"则被安排到一个住处,稍事休息,等候午夜过后化妆表演。据悉这一次演出之后他将得到至少1500元酬劳。今年演出过后,村民们纷纷表示他演的比上一个好一点,但总赶不上万玉中的表演水平。

2. 脸器的保存与传承

在固义村"捉黄鬼"仪式中,"脸器"是十分重要的道具。在过去村子里一直保存着"脸器"的制作方法,而且"脸器"的数目种类比较多,制作也比较精

---

① 陶立璠《三爷圣会考察记》,载《民俗研究》1998年第2期,第34—35页。

扮演角色的少年拿着脸器

会首们清点脸器

良。不过，在20世纪六七十年代，这些原有的"脸器"被当作"四旧"清除了，随着熟悉这种技艺的老艺人辞世，这项技术在固义村彻底消失了。1980年代重新恢复时，时任会首之一的丁兴良远涉他乡请当地匠人制出现在仍在使用的"脸器"。这些"脸器"是先用纸浆一层层糊制成骨架，再一层层刷漆而成。虽然看起来古朴简单，但在村民眼里这就是神祇的象征。现在这些"脸器"放置在会首李增旺家中，一共有25面，包括白眉三郎、阎王、四值、四尉、四道、四御、土地、城隍、判官、关公、僧官、五道、绿脸小鬼、牛头、马面、寿星公、财神、探官、柳翠、大头和尚等。它们平时被放置在干燥的箱子里，在决定举办"捉黄鬼"仪式的年份中正月初六那天要将白眉三郎的"脸器"小心取出来，用棉絮蘸酒精精心擦拭干净后，供奉在观音堂内的供桌上，谓之"请神"。其余的"脸器"在正月初八，都会被拿出来用酒精进行擦拭后摆放在李增旺家西房内一个闲置的炕上，等到"捉黄鬼"正日子时用。"捉黄鬼"仪式结束后，他们所有的"脸器"再进行一遍擦拭，然后放入箱柜，留待下次再用。

（三）"捉黄鬼"仪式活动的发展过程

从本村村民保留的古赛戏"都本"和村民口耳相传的缘起故事来看，固义村"捉黄鬼"仪式至少有数百年历史。在这一漫长的历史过程中，除了"赛戏"表演中需要记忆的大量"戏文"被抄录下来，称作"都本"以外，其他并无文字记载，因此许多过去的活动已随着时间的车辙淹没在了历史的长河之中。

现在，我们从村子里能够调查到的有关"捉黄鬼"仪式的记忆，只存在于几位上了岁数的老年人头脑里，往前追溯，也不过是清末民初近一百年的历史了。就在这近一百来年的举办历史中，由于受到社会大环境的影响，还呈现出明显的时代特征，大体上可以分为以下这四个阶段。

1. 旧时的传统：民国时期以前

县志记载："武处偏僻之区，俗陋民愚，迷信神权，固其义也"。据老人们讲，清末民初，由于本村是河北到山西的骡马大道经过的地方，当时村民生活状况还比较好。那时候，村子里还有李氏祠堂、王氏祠堂等好几座祠堂，差不多每个祠堂都有年节祭祖的习俗。当时"捉黄鬼"仪式，还是按照传统的规制，所谓"一演演三年，一停停三年"，由于财力尚可，据说当时连演三年的时候比较多。按照现在尚存的演出"都本"大都重抄于民国时期，由此可以推断，在这一时期"捉黄鬼"的活动是比较频繁的。另外，据现在保存"都本"的村民说，现在能看到的"都本"只是"文革"时老一辈人冒着生命危险保存下来的一小部分，由此可以想见，民国时期演出之盛。只可惜那时候并没有文字记载下一次次的"捉鬼"盛会，所以，我们只好凭着只言片语去想象当时的情景。

2. 十余年的中断：1960至1970年代末

1949年中华人民共和国成立以后，曾有一段时间，中央鼓励地方文艺的发展。也正是那个时候，固义村曾选出"捉黄鬼"仪式中的几个角色到附近的徘徊镇参加文艺汇演，受到了好评。之后予以停办，直到1964年前后又举办了一次。大概是在这一次举办时，现任会首李增旺曾参演"吊八仙"中的一个"神仙"，之后几十年没再上过台。不久，许多"赛戏"的抄本、善本也不同程度地被焚毁，现存的十几个"都本"都是当时村民藏在墙缝里得以保存的。

3. 传统的复兴：20世纪80年代以来

20世纪80年代以来，"文革"给人们留下的阴霾已经慢慢消散，许多民间文化形式开始重新焕发生机。虽然那时候，在动辄就是"封建迷信"的语境下，人们对于一些含有信仰与仪式的活动还是有一些抵触心理的，但作为民间文化的有机组成部分在适当的场合还是以不能阻挡的势力冲破牢笼最终得以恢复和复兴，固义村的"捉黄鬼"仪式就是这样。

1984年冬天，西大社几个上了岁数的社首认为，"捉黄鬼"仪式如果不恢复，当这些老会首和老演员们辞世之后，这一项精妙的民间文化活动就随之永远消失了。这样，在时任会首李起来、丁兴良等人的组织下，准备来年元宵节期间"跑社"，到了1985年元宵节前后，固义村沉寂了近二十年的"捉黄鬼"仪式活动重新得到恢复。①由于是首次举办，村民们踊跃支持，演员们也从去年确定之日起开始排练，许多年长的人也是从这时起将一些角色和程式教给后辈子孙。由于当时许多年轻人对这些"老玩意儿"不感兴趣，所以出现了一些重要角色无人承继的局面。这时候，村子里比较开明的会首和老演员开始放开传统的"父子相传""不与外人"的传承制度，对于真心喜欢这个活动的年轻人，无论是否为本家子弟，不再做硬性要求。2012年元宵节期间"捉黄鬼"仪式中"二鬼"的扮演者

---

① 关于固义村"捉黄鬼"仪式恢复于何时，由于时隔近三十年，许多村民众说纷纭，莫衷一是，杜学德先生在著述中提到，该仪式恢复举办是在1987年元宵节期间，而后许多关于"捉黄鬼"仪式的著述也都援引此说，认为该村捉黄鬼仪式是1987年恢复的。可是，笔者在固义村调查时，村民张天云认为，固义村"捉黄鬼"仪式实际上应该是1985年元宵节期间。因为这个活动是禁止行经期间和月子内的妇女参加的，当时张天云正因为生育其二女身在月子里未能观看恢复演出，她至今尚以此为憾。据她介绍她的二女儿属鼠，按年份当属生于1984年腊月底。本文认为，村民基于身体经验和感受保留下来的记忆较为可信，因此沿用1985年元宵节恢复一说。

之一刘二计就是那时候学来的。这一次成功的演出意义非常，它不仅使得"捉黄鬼"这项传承百年的仪式活动保留了下来，更借此机会完成或逐步完成角色间的新老更替，使得该活动的演出能够后继有人。之后，1987年元宵节期间再一次举办了"捉黄鬼"活动。杜学德先生应该是在这一次举办时"发现"了这一活动的神奇性，并在随后的20多年里，不遗余力地向外界推介这项具有傩仪特点的活动。

由于"捉黄鬼"规模庞大，开支不小，活动经费又基本靠村民募捐，而当时村民经济状况并不乐观，人多地少的状况使得依靠农耕收入为主的村民生活并不富裕，加上当时乡镇企业刚刚起步，原有的农村副业纷纷下马，村民的打工收入并未能及时发挥补贴家用的作用。这样，举办一个几乎占半数的村民参加的大型社火活动是不太容易的，所以在1987年举办过之后，又沉寂了几年，直到1990年元宵节期间重新举办，这一次连续举办了三年。上面已经说过，自从"发现"该活动之日起，杜学德先生就没有放弃过对这项活动的研究与推介。1994年杜学德先生在云南石开的一次大型学术性会议上，提交了有关固义"捉黄鬼"的介绍性文章，引起了与会者的广泛注意。在固义村村民和各方面共同努力推动下，1995年元宵节期间，一场名为"95元宵武安大型傩戏《捉黄鬼》观摩研讨会"在固义村成功召开。中国傩戏研究会会长曲六乙、副会长周华斌，以及中央民族大学陶立璠、山西师范大学戏曲研究员黄竹三、韩国学者姜春媛、日本学者本吉田兵卫等30多名海内外专家学者来到固义观摩此次演出。这次研讨会重要的成果之一就是给固义村"捉黄鬼"这种传承数百年的民间仪式活动进行了学术定位，专家一致将之定名为"北方的社火傩戏"[①]。至此，"捉黄鬼"仪式，作为北方"傩戏"的代表开始进入到学界的视野，同时也逐步深入到当地民众的观念当中。

1998年元宵节期间，中国艺术研究院宗教戏剧中心等八个单位在武安市联合举办了"亚洲民间戏剧民俗艺术观摩暨国际学术研讨会"，来自国内外专家学者100多人参加了会议，广泛涉及民俗学、戏剧学、傩文化学、宗教学、艺术学等多个社会人文学科。会后编辑出版了《祭礼·傩俗与民间戏剧——98亚洲民间戏剧民俗艺术观摩与学术研讨会论文集》，这成为后人研究固义"捉黄鬼"仪式的重要文献资料。据村民介绍1999年元宵节期间的"捉黄鬼"仪式活动参演和观看

---

① 傩戏，又称傩堂戏、端公戏，是在民间祭祀仪式基础上吸取民间戏曲而形成的一种戏曲形式，广泛流行于安徽、江西、湖北、湖南、四川、贵州等地。很久以来学界都以为"傩戏"是南方特有的驱疫娱神活动，固义的"捉黄鬼"仪式被定为傩戏，一定程度上打破了"中原无傩"的断言。

人员多达四五万人，演出场面空前盛大。

4."非遗"语境下的新展演：2006年以来

2003年联合国教育、科学及文化组织大会在巴黎召开，该会议的一项重要决议就是通过了《保护非物质文化遗产公约》，在这个"公约"里首次提到了"非遗"，并对其内涵与外延进行了规定：

"非物质文化遗产"指被各群体、团体、有时为个人视为其文化遗产的各种实践、表演、表现形式、知识和技能及其有关的工具、实物、工艺品和文化场所。各个群体和团体随着其所处环境、与自然界的相互关系和历史条件的变化不断使这种代代相传的非物质文化遗产得到创新，同时使他们自己具有一种认同感和历史感，从而促进了文化多样性和人类的创造力。在本公约中，只考虑符合现有的国际人权文件，各群体、团体和个人之间相互尊重的需要和顺应可持续发展的非物质文化遗产。①

2004年8月我国全国人大常委会批准了这一"公约"，标志着我国开始进入"非遗"时代，随后如火如荼的"非遗"运动在我国轰轰烈烈的开展起来。历时两年，经过地方申报、专家考评、国家认定等一整套繁复的程序之后，第一批包括518项民间文化被纳入首批国家级"非物质文化遗产名录"，其中就有固义村的"捉黄鬼"仪式，它是与安徽池州傩戏、湖南新晃侗族傩戏、沅陵辰州傩戏、贵州德江傩堂戏等一起作为"传统戏剧"被纳入"名录"的。从那时起，固义村"捉黄鬼"便在新语境下展演，2008年西大社社首李增旺被授予国家级"非物质文化遗产"传承人称号，同时刘二计等其他四位社首被河北省授予省级"非物质文化遗产"传承人称号，固义村"捉黄鬼"仪式活动进入了一个新时期。2007年和2008年元宵节期间均有演出，2009年、2010年、2011年停办。2012年元宵节期间重新举办，笔者有幸全程观看了此次活动的演出，接下来就以这一次的演出盛况为主对这次活动的展演进行描述。

---

① 联合国教科文组织《保护非物质文化遗产公约》，第2条第一项。

三、"抽肠剥皮":"捉黄鬼"仪式的时空展演

过去固义村"捉黄鬼"仪式举办的时间是有规定的,从演出的日子来看,一般在正月十五元宵节前后,从正月十二"奉神戏"开始直到正月十七"过厨"仪式结束,连续演出六七天,当然有的年份排演大型赛戏"长坂坡"时,延续的时间还要更长。从演出的年份来看,按传统规定"一办办三年,一停停三年",即如果决定举办则必须连办三年,如果某年因故未能举办则需要连停三年。不过由于该村活动参演人数众多,耗资巨大,加上本村并不十分富裕,这种规矩在1980年代新恢复的仪式中并未严格按照传统举办,而是综合考虑各方面的因素不定期举办。

(一)前奏:"捉黄鬼"活动的发起及准备

前面已经多次提到,"捉黄鬼"仪式需要消耗大量财力物力,过去这些花销几乎全部由村民集资而成,在"捉黄鬼"仪式前需要一定时间筹集资金,另外由于演出程式比较繁琐,演员需要进行较长时间的排练预演。于是,决定举办"捉黄鬼"活动,需要提前一年进行。依照旧制,一般是进入农历十月之后,西大社社首挑个日子将其他三社社首请到家里吃一顿饭,商量明年元宵节期间"起社"事宜,谓之"坐席",定下之后,西大社社首们再请主要演员一起吃顿饭交代一下演练事宜,其他三社亦同。现在仪式已经简化,吃饭坐席的环节已经省去。

张贴在村墙上的部分演员名单

据说，本来是不打算举办2012年"捉黄鬼"仪式的，所以并未在前一年（2011年）农历十月进行通知。不知何故，在今年正月初二的时候，社首们忽然决定"起社"，这时距正式演出已经不足十天。从初二决定开始举办"捉黄鬼"以后，西大社社首李增旺在上一次参演人员名单上加以修改抄写，确定本次参演人员名单。然后，接连用了几天的时间去召集本村演员，同时也极力邀请东王户、南王户、刘庄户等其他三社社首及演员，希望得到他们的"围护"。把所有参与人员都找齐以后，开始分工布置，买材料的买材料，准备焰瓶的准备焰瓶，同时还指挥村民把衣服拿出来晾晾，还有旗牌伞扇等各种道具都需要重新安装整理。正月初六，要把"老三爷"（白眉三郎）的脸器请出来，擦拭干净以后，供奉到观音堂的供桌上，谓之"请神"。上文已经介绍，正月初七是火神生日，村民要举行盛大的火神祭，主要组织者是西大社社首李增旺。正月初九玉皇生日，村民要举行盛大的玉皇祭，主要组织者刘庄户社首刘奎昌。除去这两天之外，从初三到正月十二演出前的几天，所有参演人员都在各司其职。李增旺家正屋里几个老太太一起剪纸花，据说要连着剪三四个下午才能剪好所需要的所有纸花。西屋里负责脸器的社首，把"脸器"从箱柜里一一拿出，用棉絮蘸酒精小心翼翼地将每一个都擦拭干净，放在一个闲置的土炕上面。"大鬼""二鬼"穿的"坎肩"上

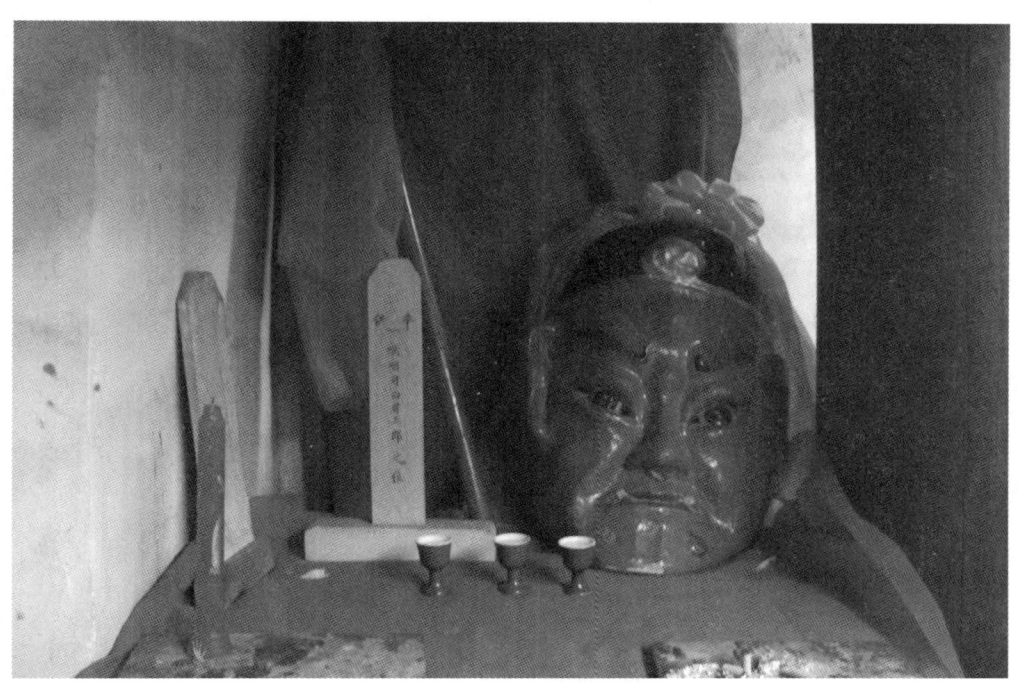

供奉在观音堂内的"老三爷"脸器

面的"虎尾纹"也是2月4日(农历正月十三)在这个屋里绘制的。东屋是储藏演出服装的地方,两三个木架上放着一包包叠放整齐的演出服饰,桌子上还堆着许多纸锞香炉之类的。不大的院子里放满了各种道具,既有旗、牌、伞、扇、金瓜、朝天蹬、龙头、凤头、斧、钺等,又有演员演出时需佩戴的胡须,红色的、黑色的、灰色的、白的等不同颜色的十几种挂在东房墙上。除了这些家里的工作以外,外面也有几项准备工作正在有条不紊地进行。

几个年轻的村民负责在前街石板路上铺一层细沙,由于年前下过雪,到现在还没有完全化尽,加上前街是石板路,在长年累月的踩踏之下部分已经光亮如镜,十分容易摔倒,撒上细沙为的就是防滑,同时吸收一下融雪造成的积水。每个社都要派出一些村民在"捉黄鬼"活动主要经过的几个路口处搭建松柏牌楼,原来这一项工作是有时间限制的,今年由于时间紧任务重,村民们也就顾不了许多,和其他工作一起完成了。他们扎制的牌楼主要以木棍搭架,上面饰以松柏树枝,寓意"松柏长青",并在松柏枝上贴彩色画纸,一般正中间都会贴着红纸斗字的"国泰民安""风调雨顺""政通人和"之类的吉祥语。另外一些人要把仙殿

准备扎长青牌楼

整理出来，上文已经介绍，仙殿现已破败不堪，每次演出前都要对其进行简单的布置。这项工作由李增旺、丁文科等五位主要轮值社首负责，主要是把仙殿内部三面主墙贴上黄绸布，在南面的房柱上贴上对联，屋子里还要按规制摆好三排供桌。其余神庙上面都贴上寓意吉祥的新对联，拉上五颜六色的彩纸，远远望去，一片祥和欢乐的景象。

演员排练方面，自初二定下来今年要举办"捉黄鬼"活动以后，观音堂和剧场就一直处于热闹的排练状态。现年已经78岁高龄的董丙贵老人是出名的鼓手，他不仅教给小孩子们"十棒鼓"，还时不时指导练习"敲鼓"的成年演员。他除了教鼓之外，还负责排练队戏"吊八仙"。董丙贵老人是"捉黄鬼"仪式中"赛戏"演出时的主要乐手之一，据说他能击出数十个鼓套，随时在不同的鼓套中切换，曾在2005年随本村其他角色进京演出汇报。其余要演出赛戏的演员也都在吃过晚饭后到观音堂前或者剧场里去排练，"掌竹"则一遍遍的背诵台词。

村中的戏台子是一座青砖木架敞篷式建筑，台高大约一米，院子里是露天观众席，百余条混凝土浇筑的方形长柱呈南北两行横亘在院落里，算作观众的凳子，中间留有狭长的路，窄窄的过道尽头是简易的青砖建成的方柱体，据说这代表神台，演出赛戏时，这条过道要留出来以供神仙观看，尤其是《祭鹿台》一出戏中，这个砖台还代表"鹿台"。由于戏台子年久失修，在正式演出前，需要有专人进行布置，挂上写有"固义西大社"字样的横幅，贴上一副新对联，上联写

西大社戏曲舞台

的是"说古今明辨善恶",下联为"演傩戏传承华夏文明"。还需要在戏台子上挂上一块蓝色幕布,以区分台前幕后,方便演员换场。

　　正式演出的时候还需要有一座玉皇大帝神棚,亦有专人负责搭建。此神棚建在村西路南的空场上,木条木棍搭架,上、东、西、北四面围以金黄色绸巾,北面内侧绸巾上绘有"金龙赐福"的吉祥图案,神棚桁架上贴着"道统诸天工启三皇五帝"字样,在其东面约100米左右是阎王台、曹官台,这两个神棚与玉皇神棚差不多同时搭建。其中阎王台是在木架东、西、北三面围以白布,顶部为黑布,北面内侧绘有"麒麟献瑞"图案,东、西内侧则绘有其他寓意吉祥的图案。曹官台位于阎王台东边,主要搭建在一辆小型货车的车厢上,坐东朝西,北、南、东三面围以白布,顶部为黑布,内侧绘有"瑞虎下山"等吉祥图案。等到"黄鬼"被捉之后,要到"斩鬼台"受刑,所以还需要有一个"斩鬼台",将其设置在阎王台正南方约50米处,木架结构周围围以蓝布,木架上面铺以木板,木板中间留有空隙,以备将"黄鬼"卸下去使用。这几个神棚的搭建都有专人负责,大约在初十左右动工,阴历正月十三左右完成。

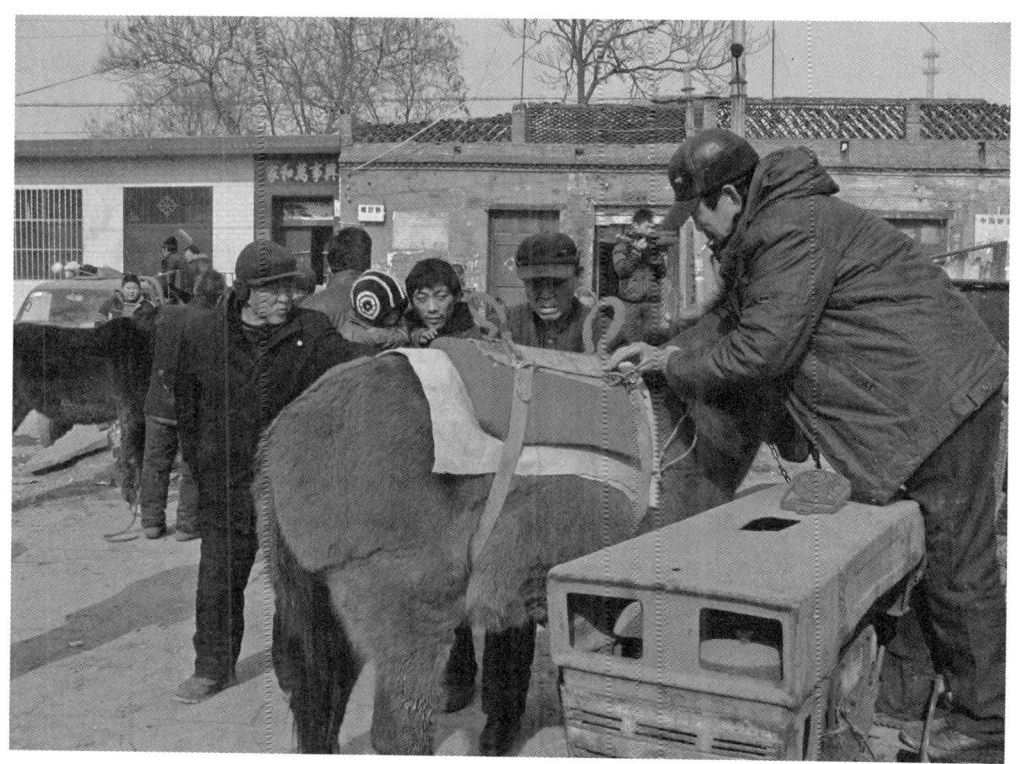

用红布装扮骡子

请柬："小黄条儿"

整个"捉黄鬼"仪式演出过程中，还需要三十余匹骡子。今年2月3日农历正月十二，早晨起来，西大社相关负责的社首就通过扩音器，号召全村豢养骡马的村民牵着自家的骡马到旱池沿子"练练"。村民们陆续将自家的骡马牵到旱池沿子，在那里早就有等候多时的社首负责相看，"捉黄鬼"中骡马主要用来"跑摊子"，对于骡马的要求并没有固定的标准，基本上能看的过去就可以，既不要太瘦也不要太小。有的村民将骡马饰以红布新鞍，迁至此，等"检阅"合格后，相关负责人会发放一些红布条给主家，让其将红布条拴在骡尾毛和笼头上，用以辟邪。有的村民则直接将骡马牵到这里等候检阅，合格后回家再进行装饰。大约一个上午的时间，骡马"检阅"完毕。由于"检阅"骡马也是一项比较重要的活动，许多村民前来观看。在此过程中，许多村民对自家或他人的骡马进行品头论足。人们对养的骡马比较漂亮的村民给予极高的赞誉。

当然，除了以上这些准备工作以外，还有一些更为琐碎的工作也在同时进行着，比如购买仪式所需要的物品、上供用的供品等，同时还要将助资的村民姓名连同善款金额写到一张小红纸上，贴到原李氏祠堂前面房屋的后墙上，还有一些拉电线、准备音响设备等事务均有专人办理。因为正式演出时，需要有年轻人手执柳棍围护演员，所以在这期间还要准备大约八十根柳木棍。同时会首还要在正式演出前几天，向所有参演人员发放写有"定于西大社请"字样的黄纸条，以示发出正式邀请，许多确定能够参加的村民都会把这个小黄纸条贴在常用的镜子旁边的墙上，比较显眼。

（二）高潮："捉黄鬼"仪式过程

上文已经介绍了"捉黄鬼"仪式主要包括祭祀和社戏表演两个部分，其中祭祀又可分为请神、祭祀、送神等多个环节，社戏表演主要包括作为"队戏"表演的"捉黄鬼"(即狭义上的"捉黄鬼")和在戏台子上进行的赛戏表演。其中还穿插着东王户、南王户、刘庄户三社村民出于"围护"的目的准备的丰富多彩的花会节目。2012年演出的"捉黄鬼"仪式,从2月3日农历正月十二晚上"奉神戏"开始到2月7日正月十六"送神"仪式结束,历时五天。

1. 观音堂前的奉神戏

农历正月十二下午由西大社社首李增旺主持,东王户、南王户、刘庄户三社社首共同参加一个出演顺序的"抓阄"活动,以此决定正式演出的出演顺序以及出演日期,同时再一次确定演出事务。按照抓阄的结果,今年各"围护"节目表演的顺序是东王户、南王户、刘庄户。确定好顺序之后,各社社首回到本社告知参演人员该消息,同时抓紧排练节目。

按照旧制,正月十二晚上,西大社所有参演人员要进行净身仪式,谓之"压身子",同时出演"奉神戏",以祈求"老三爷"保佑演出成功,不出纰漏。"压身子"仪式是该日晚饭过后,在观音堂旁边的一个小胡仙(狐仙)庙里举行的。胡仙庙里坐西朝东供奉着"胡爷之位",坐北朝南供奉着"咽喉司白眉三爷之位"。为了举行净身仪式,会首下午就已经将供奉在观音堂供桌上的"白眉三爷"的"脸器"请至胡仙庙。晚上七八点钟,决定今年参加演出的村民,开始陆陆续续地赶到胡仙庙。等主要参演人员差不多到齐以后,会首李子中手执香烛点燃后分别放入胡仙和"老三爷"供桌上的烛台和香炉。然后他给"胡爷"和"老三爷"分别倒上三杯酒。然后,号召参加演出的村民分批向前给两位神仙上香三炷。

第一批是"大鬼""二鬼"和"跳鬼"的主要扮演者五六人,他们对着神位略做祈祷,喝下会首李子中给他们倒的三杯白酒,说"喝完三杯酒,一心一意"。会首李增旺告诉笔者,他们这是在向"老三爷"表决心呢,喝过酒后,对着神位磕三个头,李增旺发给他们每人一块红布退身出去。之后按照角色的"重要性"和在演出中出场的先后顺序分批进行。整个仪式谓之"压身子"。在这个仪式过程中,会首丁文科告诫各位已经喝过酒的村民,在演出期间不能和妻子同房,饮食方面也注意不要吃生葱辣蒜等刺激性食物。需要说明的是,这个仪式还是主要角色父子相传的机会,今年出演"探马""探神"角色的李姓村民携其19岁的儿子前来"喝酒",据介绍他这是在向儿子传艺,父子同台演出已经几次了。

大约晚上九点,主要角色给神位上过香、喝过酒后,到观音堂前的小空地上,准备表演几个简单的节目启示神祇,表示"捉黄鬼"活动已经正式开始,希望得到各方神祇的保佑,这一次的简单演出谓之"奉神戏"。由于这个演出只相当于一场"热身",所以准备的节目也比较简单。虽然节目简单,但村民还是陆陆续续来了许多,不多时,不大的空地就已经站满了村民。在正式演出前,好几个年长的村民,在空地上给自己的继承人"教戏"。从每一个指法、步法到每一个身段,都手把手地仔细教演,教者与学者都严肃认真。到了比较重要的步法时,学者屡学不会,其他的演员也会从中点拨。在执掌武场(主要是大锣、大镲、小锣、大鼓、小鼓等)聚齐之后,正式演出开始。

教戏

今年"奉神戏"主要演出的是《大头和尚戏柳翠》和《岑鹏马武夺状元》两个赛戏。这两个赛戏结束之后,"奉神戏"结束,同时也宣布"捉黄鬼"仪式正式开始。村民陆续散去,主要演员和武场司鼓手继续练习了一段时间。正月十三没有正式活动,各个参加人员各司其职着手排练和其他准备工作,等待正月十四的"请神"和"亮脑子"活动。

2."请神"仪式与"亮脑子"

正月十四主要有两个重要活动:一个是"请神"仪式,一个是"亮脑子"活动。

（1）请神

所需请的"神"主要有两位：一位是位于村子北阁北边的龙王，一位是位于村子南边小南山奶奶庙里的白眉三郎、敕封三郎（红脸三爷）和白面三郎。由于两位神灵一位居北一位居南，所以在"请神"的时候需要"兵分两路"。今年负责北上请龙王爷的是会首李增旺，负责南山奶奶庙请神的是会首丁文科和刘二计等。

据村民介绍原来村子里曾有一座龙王庙，位于现在的北阁北边，现在那个地方早已经成为一片废墟，庙宇遗迹早已不存。不过，现在的龙王爷"请神"仪式仍然会在这个空地上进行。正月十四一大早，就有女性村民到观音堂给白眉三爷上香焚纸。西大社会首李增旺来回指挥着将要去'请神'的参演人员，因为"请神"是比较郑重的事情，所以参演人员都要穿上彩头。今年跟随会首前往龙王庙"请神"的西大社参演人员有城隍、武判官、五道神、四值、土地神、小鬼等需佩戴"脸器"的角色，还有"掌竹"和武场锣鼓班。还有两三人提着装有香纸供品的藤篮，两个人抬着用两根竹竿挑起的椅子，椅子上蒙以金黄色绸布，上面放着一个牌位和一个香炉。上午9点左右，请龙王的队伍开始从李家祠堂出发，走在队伍最前面的是两个打锣人，鸣锣开道，之后是社旗、伞、扇、金瓜、朝天镫、方天画戟、修职郎、贡元等仪仗队伍，后面是抬着椅子的村民，锣鼓队在中间助兴，后面是彩旗和拿着纸香藤篮的村民。队伍围着旱池沿子逆时针转一圈之后，顺着前街继续东行，从距离东阁不远的一条胡同北上，不久便出北阁，出北阁后不远就能看到昔日曾建有龙王庙的空地。一路上，不断地有虔诚的村民等在自家门口把将要敬献给龙王爷的纸锞杆香之类的放到请神队伍中负责纸香的村民提的藤篮里。在队伍经过的比较大的路口处，村民摆上小供桌，燃上"杆香"，迎候神驾。

当迎神队伍里负责抬着象征神位的椅子被放置好以后，会首李增旺把椅子上的牌位扶正，然后点燃三炷香，朗读请神表文，之后是掌竹吟唱"请神文"，大概有八段：

面如黑漆似锅底，英雄丑媸人难比。阴曹地府管牢笼，敕封一尊开路神。
盖世间管恶赏善，死后来查考文卷。管人间六道轮回，敕封为古城鬼判。
十字街头盖下庙，五方恶鬼都来到。金殿也曾斩上神，敕封一尊金五道。
韩文公珍珠密秉，黄丝绦腰中紧系。因为他正直无私，敕封为本村土地。

汤阴县祖业坟地，打铜锣不造兵器。因为他正直无私，敕封为四个太尉。
四神不离太阳星，化如天边走如风。一年四季他总管，年月日时四值神。
在世间治国安邦，死后来入庙升堂。因为他正直无私，敕封为本县城隍。
昨日天边降值神，马蹄踏碎四方云。前有小鬼来引路，后有判官紧随跟。
土地五道四值神，本县城隍来请神。①

"龙王爷"的象征

"掌竹"吟唱完请神祭文以后，会首李增旺点燃表文和纸锞香楮，然后带领众人磕头。接着抱上龙王牌位，沿原路返回到位于前街的仙殿大堂里，把龙王牌位放到神案上的全身牌位旁边。

请龙王的队伍在旱池沿子与其他三社请神队伍相会之后，便兵分两路。西大社主要负责请龙王爷，其他三社则负责前往南山奶奶庙请白眉三郎等三位大神。西大社派出社首丁文科、董丙贵、刘二计、丁子斌等随同其他三社社首一起去请三位大神。请神的队伍离开旱池沿子以后一直南行，直至位于鹊峨山附近的奶奶庙，上午不到10点队伍敲锣打鼓，浩浩荡荡赶到庙里。负责看庙的人早已把庙门打开，迎接前来请神的队伍。几个社首先给诸位大神焚烧纸锞香楮，然后把白眉三郎、赤峰三郎和白面三郎的塑像抬到椅子上，神像的顺序为白面三郎在前，红脸的赤峰三郎居中，白眉三郎在最后用伞盖遮掩着。迎神队伍按原路返回，回到前街的仙殿里，按照白面三郎居于西侧，白眉三郎和赤峰三郎居于东侧的顺序安放妥当。会首李增旺和其他几位社首点燃大香，然后焚烧纸锞，诵读"请神咒"：

请、请、请，诸佛诸祖下天空。群仙献宝显神通，元宵三会动法宝，三郎

---

① 这一材料系固义村村民丁文科先生提供，特此致谢。

法宝未显功。请三清大殿玉虚宫,二十四代祖师,八十一洞真人,二十八宿,九曜星辰,佛祖、菩萨、罗汉、神仙,众位老母,众圣母,九龙皇姑,十大仙姑,十大美女,十大药王,华佗先师,江、刘、张、祖,心诚入祖,付马、靳、曹、武、众位尊主,一路顺风入神殿。

再请,西天灵山圣会坛,千神万祖。无声祖母,千观音,万菩萨,千门万道二十四位全神灵,一路顺风入神殿。

又请,上下八洞神仙界,七十二位值管神,四方八处吉祥神,三界各位众神灵,一路顺风入神殿。

三叩首请

诵读完毕,率众给诸位刚请回的各路神仙磕头,然后众人散去,只留下几个会首在仙殿摆放供品。至此内仙殿内可谓"万仙云集",正中摆放的是"供奉全身尊神之位",其旁边有大大小小牌位15个;西侧供奉"碧霞元君之位"等12个牌位,东侧摆放"供奉玉皇之位"等6个。据说原来白眉三郎、赤峰三郎和白面三郎等三位大神请回来之后放到观音堂内。

神像被抬到前街西阁下的卷棚(观音堂)内,观音堂前后两间,后间为观音堂,已用竹帘子隔开,意思是请神和演出与观音菩萨无关。前间为卷棚,神案坐西朝东,神案正中已摆有"天地三界十方万灵真宰神位"牌,左边从左至右依

请三郎神像

赤峰三郎像

次是"山川社稷五谷花果苗稼神位"牌和"五方五帝兴云致雨龙王神位"牌，右边从右至左是"元宵会内盖罗边真宰神位"牌和"当年风伯雨师雷公电母神位"牌……社首和村民把白眉三郎等3位神灵抬来后，白眉三郎坐右侧面向南，白面三郎和赤峰三郎坐左侧面向北。从2003年开始至今，上述所有神灵牌位和木像安放处改在仙殿内。①

（2）"亮脑子"

正月十四上午请神过后，中午村民稍事休息，下午是"亮脑子"活动。所谓"亮脑子"，其实就是彩排，即全村所有参演人员都装扮起来，穿上戏装。按照演出的顺序依次排好，作为"围护"的东王户、南王户、刘庄户三个社的节目在前面，西大社参演人员紧随其后，②以西卷棚作为起点，整个队伍沿着前街向东行进，行至仙殿时，队伍中所有骑马的演员都要下马，然后会首李增旺到仙殿里燃香烧纸，诵读表文：

中华人民共和国河北省邯郸市武安市固义村：

奉祀祭天地，庆贺龙神。社首李增旺暨领合社人等，谨以香楮庶品之仪叩于城隍土地五道将军前曰坛位分冀神条分，祥木次序，灿然弗紊，恪具祭员，一一芯芬，恭请上圣，靡不居歆。

伏乞洞监，宽宥愚蒙，敬备笺文奉上以闻。

社首李增旺同合社村民叩首

诵毕，将表文在手中点燃，向诸神磕头。此时掌竹也在仙殿门口吟唱祭神词，吟唱完毕，四值、五道等几个戴"脸器"的角色走一个圆场，然后队伍继续前进东行。旱池沿子处的小广场处，已经有许多节目在演出了。今年除了东王户、南王户、刘庄户三社出了节目之外，固义村南相距3里的新庄村的至少三支秧歌队伍前来助兴。据说，她们前来参加"捉黄鬼"完全是自愿的，也没有人邀请，更没有人出资，她们就是图热闹。这些花会演出队伍等到"亮脑子"的大队

---

① 杜学德《武安固义的社火傩戏〈捉黄鬼〉》，载于《节日研究（第四辑）》，济南：泰山出版社，2011年12月版，第104页。

② 需要提及的是由于"阎王爷""赵公明""白眉三郎"比较尊贵，在"亮脑子"时，一直是伞盖遮面。其中前两位是蓝旗遮面，"白眉三郎"是黄旗遮面。

前来助兴的秧歌队

大头和尚

跑小驴的

人马来了之后,主动给大队人马让路,大队人马则围着旱池沿子逆时针转一圈,然后继续前行,直至前街东头,然后按原路返回(不再绕行旱池沿子)西卷棚。有些花会演出队伍不再跟着前去"走街",而是留在旱池沿子旁边的小广场上表演节目。虽然说是预演,但由于演员们已经完全穿戴整齐,与正月十五演出的并无二致,所以还是吸引了许多村民前来观看,由于道路较窄,村民较多,行进的队伍一度被中断,这时就有骑着骡马戴着脸器的村民在前街上来回奔跑,为后面的队伍开道。下午四点半左右,整个"亮脑子"活动结束。[①]

随后,戏台子上开始演出"赛戏"。下午五点左右,开始演出《大头和尚戏柳翠》,由于上一次演出是在晚上,灯光不好,加上空地有限,许多村民未能好好观看。今天下午同样的内容在戏台子上演出,吸引了大量的村民在台子下面观

---

① 西大社今年参加"亮脑子"的各个角色包括:三眼枪、大锣、灯笼、六杆五色旗、六扇牌、打大鼓、三郎神通、红油棍、蓝旗、飞龙旗、飞虎旗、飞豹旗、金钱、月斧、朝天蹬、围的(围子)、大善、小鬼、判官、土地、五道、牛王、马王、财神、宅君、四值、四御、曹官、城隍、八仙、掌竹、四值神、夺状元、三班供顺序排名、小红伞、纬的、蓝伞、黄伞、小鼓班等。

看。开演前锣鼓班要吟唱"今朝有酒今朝醉,东街倒到西街内。若问对戏名和姓,大头和尚戏柳翠"。吟唱完毕,锣鼓开敲,表演开始。憨憨的大头和尚一出场就惹得台下村民大笑不已。这个故事主要表现的是清晨起床,大头和尚调戏柳翠的一系列动作。饰演玉通和尚和柳翠的村民表演得惟妙惟肖,虽然整出戏没有一句台词,但这两个角色踏着锣鼓点走出的滑稽步法,及其表演的夸张的日常生活赢得观众阵阵笑声。这个节目大概持续了十分钟左右,之后是《吊黑虎》。演出之前,会首李增旺在幕后燃烧一道表文。"吊黑虎"主要讲述的是武财神赵公明鞭打黑虎的故事,主要角色有两个:一个扮演赵公明,面戴"脸器",身着黑蟒袍黑靠,靠身有前后两片,满绣鱼鳞纹,腹部绣一大虎头,护腿两块,背后插三角形小旗四面,下身穿红裤,脚着福字履,手持头鞭。一个扮演黑虎,面戴"脸器",身穿红色蟒袍,手持钢鞭。该剧亦没有台词,持续十余分钟后结束。

从正月十四晚上开始正式开始"捉黄鬼"仪式活动演出。吃过晚饭,天黑之后,扮演"黄鬼"的演员,跟随本村"大鬼""二鬼"还有"跳鬼"的扮演者及其他几位资深的老演员,悄悄来到村南边的空场上,进行学习和排练。同时,还要把"玉皇大帝"请到前两天搭建的玉皇神棚里来。会首李增旺和其他几位社首共同负责此事,他们把神牌位从仙殿请至此以后,安放妥当,摆上供品,点上三炷大香,继而焚烧纸锞香楮,然后众人磕头后散去。

由于正式演出是在农历正月十五零点之后,所以几个主要角色要回家休息片刻,而许多年轻人则"今夜无眠"。正月十四,为了防止村民睡过头,设有专职打更人员两名,每逢一个时辰,打更一次。

3. "找街儿"与"跑庄子"

晚上12点左右,会首李增旺等前往仙殿摆放供品,并给诸位神仙燃纸焚香。大约12点半,李增旺、丁文科、董丙贵、丁子斌等会首前往旱池沿子祭拜。会首李增旺手提着一个装满纸锞的藤篮,里面还有一把香和一些馒头、水果等供品。到了旱池沿子后,有一个村民负责燃放爆竹,等到爆竹响尽,李增旺开始祭拜"元宝坑"(即旱池),他们一行十余人朝向东南方向,摆放好供品以后,撮土立香,焚烧纸锞祈祷明日演出能够顺利进行,然后其余会首磕头叩拜。叩毕,一行十几人继续回到仙殿摆放供品。据说,在传统的"捉黄鬼"仪式中并没有这个环节,这是后来加上的。要解释这个环节,还必须先从旱池沿子的来历说起。

关于这个旱池沿子的来历,还有一段故事。据说原来固义村村南边还有一个小村子,现在称之为小南庄。固义村开始有人定居以后,慢慢地把村子建设的像一条口朝西尾巴向东摆的鱼。那时候，小南庄村民生活比较富裕，而固义村生活状况较差，村民一直找不到原因，后来找了个风水先生来看，风水先生认为村子的形状是鱼形，但是没有水，俗话说，鱼没水不活，所以应该在村中心建一个水池子，这样鱼就能活。村民们听了此说以后，立即动工在村子中心修建了直径数米的水池，后来固义村村民生活果然逐渐好转，而小南庄却不知何故逐渐衰落，以致完全消失。近些年来，由于气候等因素，曾经的水池变成了现在的"旱池"，原来蓄水的坑池也被填平建成了小广场。这在村民眼里极大地破坏了固义村原有的风水，人们认为，鱼无水不能活，如果这个小广场不改回蓄水池的话，固义村还是发展不起来。

由于蓄水池变成了旱池，固义村风水遭到破坏，人们生活状况老是得不到改善。于是在20世纪80年代恢复"捉黄鬼"仪式后的第二次演出时，西大社的其中一个社首，就找来了神婆给看风水。神婆看了看，说本来水池是鱼从西边吸了水来到这里转个圈从东边排出的，现在水池干了，水流通不畅，鱼就要死了，而且在池子里面还出了妖怪。神婆给村民指示，要想解决这个问题，需要把一根柳木棍子砸进土里，还用桃木剑跳神，结果没管用。后来，村民一看不行，还是把神婆赶走，自己准备好供品前来祭拜，结果那一年举办的"捉黄鬼"仪式就比较顺利。就这样演出前祭拜旱池沿子就逐渐形成了惯例，在"跑街"之前进行祭拜，以求神祇感应高抬贵手，护佑演出平安。

社首们祭拜完旱池沿子，回到仙殿继续将未摆完的供品摆完，之后前往观音堂摆放供品。观音堂内不像仙殿那么冷清，这里锣鼓齐鸣等候着摆供进香的会首前来。大约凌晨1点，会首李增旺、丁文科等来到观音堂，先将旧有的供品撤去，换上新的馒头、麻烫、水果等供品，并点燃三根大香。观音堂进香正在进行时，会首李子中通过扩音器号召村民把"跑摊子"（"跑街儿"）的骡马牵出来遛遛，准备"跑摊子"。李增旺等人给观音堂诸神进香之后，前往搭建在村子西南空场上的玉帝神棚进香摆供。

凌晨1点45分左右，会首李增旺、丁文科等来到玉帝神棚，开始摆放供品，随后点燃三根大香。会首李增旺在诵读"玉皇祭文"之后将之点燃，并以此引燃纸锞，几个社首共同给玉帝磕头，之后离去。差不多与此同时，原李氏祠堂（现为李氏家族一座民宅）内，"大鬼""二鬼""跳鬼"和"黄鬼"已经在准备化妆。大约凌晨2点10分，有一村民前来玉皇神棚进香并焚烧纸锞。他告诉笔者，他家去年新盖了房子，想借此机会请扮演"大鬼""二鬼""跳鬼"的角色前往新房"跑跑庄子"①以祛除邪秽,保佑平安。

可能是睡过头了,凌晨2点40分左右,化妆师才把服装道具拿到临时的化妆室。十几分钟后,探神化妆开始,到3点左右时,探神化妆着装完毕。接下来是"大鬼""二鬼""跳鬼"化妆。大概凌晨4点,探神、大鬼、二鬼、跳鬼均化妆完毕。这些角色一一跳过事先准备好的火盆,以带走晦气。然后兵分两路"找街迎神"。三个装扮好的"好鬼",在化妆完毕后就不能再说话,他们一行三人悄悄地走向西南空场的玉帝神棚焚纸祭拜,然后一路小跑走遍村子的每一条胡同,当经过有需要"跑庄子"的住户时,他们

化妆师

闭口不言在屋子里跑一圈后离去,连主人准备好的白开水都不喝,然后继续"找街"。需要说明的是,这一项活动是秘密进行的,不仅不允许拍摄,甚至本村村民民都不能跟随。一路上只有"大鬼""二鬼"和"跳鬼"三个人,在冷清的夜里他们身上佩戴的用以辟邪的铜铃发出十分悦耳的声音。在远处观音堂附近,观看演出的村民和外来人员均被手执柳木棍的年轻人挡在西阁以东。本次"找街",三个"鬼"向东、北、西、南各个方向均跑出约1里路程,同时探神也骑着骡马开始"找街",他们按照同样的方向向东、北、西、南各跑出约2.5里,这是第一遍"找街"。接下来是第二遍,这次三个"鬼"是在手持柳木棍的年轻人簇拥下在前街东西奔跑,骑着骡马的探神也来回奔跑。第三遍"找街"是在年轻人的簇拥下三个"鬼",寻遍村子里的每一条胡同,同时探神在前面骑着骡马飞奔开路。早上8点左右,三遍"找街"完毕,探神、"大鬼""二鬼"和"跳鬼"一起回

---

① 所谓"跑庄子",就是指家里有新盖房屋的住户或者流年不利的住户,在本村"捉黄鬼"仪式正式开始前,告知会首,邀请"大鬼""二鬼""跳鬼"等好鬼前往住宅,跑一圈,以祛除邪秽。因为在村民看来,这几个角色都是"好鬼"他们会把一些害人的东西带走。由是可见"跑庄子"并不是必须的步骤,而是看实际需要。

到仙殿，随着全神神位进行叩拜磕头，向诸位神祇禀报村子内外邪祟已经扫除干净，同时各路神灵也已经到来，自己的差事已完成。之后这几个角色回家去休息片刻，三个"鬼"也都换了演员。

需要说明的是，在"找街"的时候，每隔一段时间，组织者就会安排三个"鬼"休息。这时，村民往往邀请大鬼、二鬼、跳鬼这三个"好鬼"去自己家里取暖，如果邀请成功，则被认为是比较光荣的事情。另外，大鬼、二鬼的鬼发上扎有长短不一的彩条，走动时，彩条会像长发一样在身后飘舞摆动。据说，若有人能够在"护驾"的手持柳棍的年轻人组成的人墙中，有幸扯得一条，就是很吉利的象征。

4."捉黄鬼"与"大抽肠"

"找街"的同时，"黄鬼"在李家祠堂内化妆。早上8点半左右，"黄鬼"化妆完毕。上文已经说过，在狭义的"捉黄鬼"仪式中，"黄鬼"是第一反角，它是不孝、邪恶、疾病等的象征。他全神被涂成黄色，头上戴着灰白色的头套，头发蓬乱不堪；上身穿黄色坎肩，下身穿黄色短裤；衣服上还被撒上鸡血，显得血迹斑斑；胳膊还有腿上绑着钢刀，在化妆师高超的化妆技术作用下，这四把钢刀真像嵌入肉里边一样。"黄鬼"化妆完毕，跳过院子里的火堆，在众人的簇拥下跑到

化妆用的钢刀

前街，正是出场进行"跑道子"。与此同时，昨天参加过"亮脑子"的其他三社准备的节目也已经在旱池沿子附近集合，西大社准备的"赛戏""脸戏"等也已经在观音堂前的空地上做好准备，等候四个"鬼"到来。

此时，村里的街道上早已挤满了前来观看演出的村民，当然人群中还有许多是外地赶来的"游客"及各方学者，这些人把本来就十分狭窄的过道挤得水泄不通，甚至在临街的屋顶、树杈上都站满了人。哆哆嗦嗦的"黄鬼"一出现，便在人群中引起不小的骚动，村民和手持柳木棍的青年大声地呼喊，气氛陡然高涨。

由于整个活动参加的人和参观的人太多，场面比较混乱。骑着骡马的探神在人群中来回奔跑，为整个"勾黄鬼"开路，另外几十名手执柳木棍的年轻人为四个鬼保驾护航。"黄鬼"出了其化妆的房子之后，在手执柳木棍的年轻人护送下来到仙殿，"大鬼"、"二鬼"和"跳鬼"也已经在仙殿门口等候。没有专门开始仪式，"黄鬼"一到，"大鬼""二鬼""跳鬼"就开始进行抓捕表演，其他三社准备的节目紧随其后，形成"道子"。在这个狭小的空间里，哆哆嗦嗦的"黄鬼"低头哈腰，摇头晃脑，双手自然垂落，做悄然逃跑状，威风凛凛的"大鬼"手执刀叉、锁链走在"黄鬼"前面，"二鬼"同样手持刀、叉、锁链等走在"黄鬼"后面做追捕状。头戴着斗笠身穿蓝袍的"跳鬼"手持扇子，前后跳动，诱使"黄鬼"就范。"黄鬼"不断地做逃跑挣脱的动作，"大鬼""二鬼"在进行抓捕，就这样在队伍中来来回回，进进退退，往返三圈，整个演出的"道子"才能向西前进十几步。等道子经过观音堂时，西大社准备的赛戏等加入整个"道子"中的旗、牌、伞、扇等武执事后面。整个道子在不断地往返中，一点点向设在西南空场上的玉皇神棚挪近。北方的农村在农历正月十五的时候还十分寒冷，在整个演出过程中，大鬼、二鬼和黄鬼都只身着单衣，所以组织者专门为他们安排了中途休息的

"跳鬼"

地方。大鬼、二鬼、跳鬼这三个差鬼是好鬼，村民们十分愿意邀请他们前去歇脚，并置备糖果等，而"黄鬼"是坏鬼形象，人们就不太情愿让其进家。

整个"摆道子"过程持续了近3个小时，到了中午12点，队伍才到了玉皇神棚，黄鬼被抓到。鬼差在这里向玉皇报道后，就返回原李氏祠堂去请阎王，黄鬼则到安排好的临时休息点休息。所有的演出队伍则留在玉皇神棚前的广场上进行表演。在玉皇神棚前表演的同时，东边阎王台举行请阎王仪式，由西大社的旗牌伞扇、锣、鼓、擦等文武

不能见光的"阎王"

执事以及大鬼、二鬼和跳鬼一起前往原李氏祠堂，在那里阎王和曹官（监斩官）已经化妆完毕，三个鬼差将阎王和曹官分别请至大黄伞盖和大蓝伞盖下。据村民介绍，由于阎王和曹官属于大神，不能轻易示人，所以要以伞盖遮掩。牛头、马面在前面带路，然后是大鬼、二鬼和跳鬼连同四个小鬼，后面是阎王和曹官。中午12点40左右，整个请阎王的队伍，来到阎王台。阎王和曹官到了地方以后，先按照一定的步法叩拜自己的台子，然后各自升台坐在案后，准备断案。西大社文武执事仍回玉皇神棚。

玉皇神棚前广场演出的节目除了东王户、南王户和刘庄户准备的节目以外，西大社还在这里表演了《吊绿脸小鬼》《吊四值》《岑鹏马武夺状元》《吊四尉》等脸戏。在表演过程中，李增旺诵读"正月十五日上圣文"：

驾离碧宫，金光霭霭喷紫雾。轩临草野瑞奇纷纷吐虹霓。鸾与临宠礼宜迎接涤尘，净地略表寸心，吾侪小人感天地生成之德赖，日月照临之恩，知此有自欲报无由所以香花结彩恭迎。圣驾伏乞，来格来歆，鉴兹朴诚右惧表贺，奉上以闻。

社首李增旺暨领合社人等叩
2012年正月十五日

诵毕在手中点燃,"脸戏"表演继续进行,玉皇神棚前广场节目表演持续了约半个小时。演出完毕后,仍旧按照原来的顺序摆好"道子",三个鬼差在"道子"里来往走三遍,抓住"黄鬼"向东边阎王台走去。到阎王台附近,三个鬼差用锁链把"黄鬼"锁住,在数十名手执柳木棍的年轻村民簇拥下来到曹官台接受"预审"。"曹官"看过"黄鬼"之后,把案宗在案上展开,大声说道:"展开生死簿,勾命鬼上堂,大鬼、二鬼,交上司发落!"三个鬼差接到命令后,又将"黄鬼"押解到阎王台前,待他在阎王台前跪好,置身阎王案前左侧的掌竹吟唱:

劝世人父母别欺,休忘了生尔根基。
倘若是忤逆不孝,十殿阎君难饶你。
命二鬼绳拴索绑,到南台抽肠剥皮。
善恶到头终有报,为人何不敬爹娘?
若问队戏名和姓,十殿阎君大抽肠。

唱毕,阎王打开呈来的卷宗,念道:

左有鬼司右判官,观见售侉在眼前。
十殿阎君我为首,敕封护国武殿员。
领了玉帝之旨,命我捉拿售侉。

然后历数"黄鬼"的罪状,最后宣判:"绑到南台,抽肠剥皮!"接到命令的"差鬼",将"黄鬼"押解到与阎王台正对着的南台"抽肠剥皮",此时整个活动达到了高潮。"黄鬼"被押解到南台上时,负责焰瓶的村民早已将烟雾放出,整个仪式立即进入一种神圣状态。在烟雾中,三个鬼差将黄鬼的"肠子"和"皮"抛向空中,其实这些肠子和皮都是事先准备好的鸡肠子和鸡皮,整个人群发出一阵欢呼,这时候"黄鬼"从台子中间的缝隙中下去。在台子里面卸去妆,穿上衣服,离开人群。三个鬼差则从台子上下来,向"阎王"禀报行刑完毕。众人散去,狭义的"捉黄鬼"演出结束。

"黄鬼"被抽肠剥皮之后,演出队伍又重新摆好道子,按照原来的顺序回到村子里进行演出,庆贺"捉黄鬼"的胜利。在前街西卷棚、仙殿门口、东阁跟、东大桥、上街桃谷、狮子口等六个地点分别摆有6张香纸桌,表演的队伍在经过

"剥皮抽肠"

这些香纸桌的时候,西大社社首都要焚表文书,掌竹要吟唱祭词。以下是掌竹吟唱的6段祭词:

西卷棚香纸桌:
圣驾离霄降尘寰,合神恭迎到村间。
报赛天地焚香跪,酬谢龙神贺丰年。

仙殿门口香纸桌:
两支烛明光世界,三炷香直通天台。
众社首前街折跪,接圣驾保佑无灾。

东阁跟香纸桌:
元宵节嘉喜新春,妆文扮武逐灾星。
杨戬执戈行傩礼,五谷丰登贺太平。

东大桥香纸桌:
鲜茶美酒桌上陈,香楮宝马街前焚。
众家社首同祷祝,一切神圣共来临。

上街桃谷香纸桌:

茶迎圣驾降重霄,一切尊神尽来朝。
社首虔心远路接,各色香烛下九霄。

狮子口香纸桌:

一族重神从天降下,摆得酒果香茶。
众社首各秉虔心,一个个迎接圣驾。

演出队伍在经过仙殿门口时,西大社还要在此表演脸戏《吊四值》《吊四尉》等节目,表演形式和玉皇神棚前广场处差不多。整个演出队伍在村子里游走一圈后,各自散去。

赛戏吊四尉

下午 4 点左右,西大社在戏台子上表演赛戏《吊掠马》。在演员们表演之前,会首李增旺在蓝布幕后,点燃一道表文名为《十五日午上关圣位前烧掠马文》,表文写的是:

今有中华人民共和国河北省邯郸市武安市固义村社首李增旺暨领合社人等谨以香楮庶馐之仪祭于上圣为前曰:

万圣云集,礼别尊卑。下民至愚,不知由来。仰望尊神,一一安排。上下左右，得其所哉。敬修祭品，拜献玉阶。万希降福。待泽尘埃，伏尚飨食。

众社首人等叩首
2012年正月十五日

表文烧过之后，演员开始表演。由于上午的活动十分紧张激烈，村民大多比较劳累，因此下午来观看演出的并不太多。晚上8点左右，戏台子上表演《点鬼兵》。同样在演出前，西大社社首李增旺要焚烧一道名为"正月十五三郎位前烧点鬼兵表文"的表文：

今有中华人民共和国河北省邯郸市武安市固义村社首李增旺暨合社人等谨以香花庶品之仪献于咽喉司三郎位前曰：

维神圣灵，求之即应，感之随通，望极上圣，细点鬼兵，护佑万姓，屡获年丰。伏拜神格，鉴兹愚衷，伏维尚飨。

2012年正月十五日
社首李增旺等叩

表文焚烧完后，演员开始表演《点鬼兵》。之后表演的是《祭鹿台》，在表演前，西大社社首李增旺焚烧一道"正月十五祭鹿台表文"：

维：

2012年正月十五日望月祭，中华人民共和国河北省邯郸市武安市固义村社首李增旺暨领合社人等谨以香楮庶品之仪敢昭告于天地三界四府三宫，十方万灵谔罗无边，众圣位下曰：

维神有宜享之祭，下民无越分之思。窃念予等生活居中华泰处，人伦感天地生成之德感。日月照临之恩，洪恩浩荡知泽有自，欲报无由。今仰望当今天子尽礼，尽至诚祭于巍巍玉尊，伏冀：岁时丰稔，人物安宁。五风十雨百谷有丰登之期，千仓万箱亿兆无离乱之苦。烙具祭表，奉上以闻。

社首李增旺暨领合社人等叩

《祭鹿台》结束后，今天的活动正式结束。由于今年决定起社的时间比较晚，加上一些老演员身体等原因，今年没有排演比较长的"赛戏"，如《长坂坡》《战

赛戏吊八仙

长沙》《虎牢关》等"三国戏",实属遗憾。

5. 虫蝻王祭与龙王祭

2012年2月7日农历正月十六上午,西大社要祭祀虫蝻王和龙王。在祭祀这两位神祇之前,社首李增旺要到仙殿进行焚香祭拜,诵读"正月十六日上正祭文":

维:

2012年正月十六朔越祭日,中华人民共和国河北省邯郸市武安市固义村社首李增旺暨合社人等,谨以俚歌庶馐之仪致祭于:

天地三界,四府三官,十方万灵,无边圣众,与本坛一切显应神祇位前曰:维神至灵,祷之即应,祈之遂征,百谷播种,禾稼丕增,恪具祭品,聊表寸表,诸神洞鉴,列圣现形,冰雹远去,甘雨调匀,蝗螟俱灭,虫蝻不生,田禾茂盛,仓箱常盈,上天施泽,下民沾恩,众信献酹,上奉神明,来格来歆,方表愚诚,谨具表启上以闻。

社首李增旺等叩谢

上午9点左右,祭祀虫蝻王的队伍已经准备妥当,在西大社社首李增旺的率领下,前往村南边的地里祭祀。参加祭祀的人员主要有李增旺、丁文科、刘二计、李怀玉、李王成等会首，还有妆扮整齐的掌竹、绿脸小鬼、武判官、城隍、五道、土地等，武执事主要包括大锣两面前面开道，大鼓、大镲、小鼓、小锣各一个。一人在前面负责三眼火铳，后面是龙、虎旗各一面，还有蓝、黄、红灯彩旗若干；手提装满纸锞藤篮的村民一名，一人端供品，一人提着半桶米汤，还有一些彩纸剪成的小彩旗若干。

到了祭祀的地方以后，社首李增旺负责把供品（主要是麻烫和白酒）摆放在一个供盘里，几个社首共同负责将杆香点燃，并点燃一支红烛，将纸锞从藤篮拿出。有一名村民负责将彩纸剪成的小彩旗插到祭祀场所的外围土地上，并由一人负责将水桶里的米汤围着小旗子，泼一圈。锣鼓班这时要一直敲打，同时会首李增旺点燃杆香，插到土堆上。开始诵读"正月十六日祭虫螟王文"：

维：

    2012年正月十六暨望日中华人民共和国邯郸市武安市固义村社首李增旺暨领合社人等，谨以香楮品物之仪致祭于八蜡一切神祇前曰维神至灵。祷无不应，求无不通，飞虫远去，百谷告成，思覃众圣，泽及下民，伏冀神鉴，察兹微忱，特修菲馔，来格来歆，伏尚维飨。

社首李增旺等叩

诵读完毕，将表文和纸锞一道点燃。等纸锞燃烧殆尽，一行十几人的队伍回到前街原李氏祠堂附近准备祭祀龙王。

会首李增旺则回到家中取一只早已准备好的白色公鸡，并取出一柄长刀，刚才参加祭祀虫螟王的队伍全体参加祭祀龙王。祭祀龙王的场所是位于村北的北场，祭祀的时候面向西北，基本程式和祭祀虫螟王差不多，在供品等摆放妥当以后，社首李增旺诵读"正月十六日祭冰雨表文"：

维：

    2012年正月十六暨望朔越祭日，中华人民共和国邯郸市武安市固义村社首李增旺暨合社人等，以香楮品物之仪祭于当年行雨龙神风云雷电霹雳冰雹，一切尊神案下曰：维神至灵，求之即应，感之遂通，冰雹远去，甘雨调匀，烈风弗作，迅雷罔闻，上天施泽，下民沾恩，伏乞昭临，察兹小心，神其有知，来格来崇，伏维尚飨。

社首李增旺同叩

杀鸡祭祀虫蝻王和龙王

在社首诵读表文同时,由两位村民用大刀将白公鸡的头割下,然后向西北抛向空中。表文诵读完毕,连同纸锞一起点燃。祭祀过程完成,众人原路返回。掌竹、绿脸小鬼等回到戏台子上,进行表演《吊八仙》。由于这出戏几乎都是小孩子演出,所以组织者们不打算演出这一出戏了,但是董丙贵老人一再坚持,他认为,孩子们排练了这么长时间,应该给他们一个演出的机会。这样,在祭祀完虫蝻王和龙王之后就在戏台子上表演该戏,可惜的是观看孩子们演出的村民很少,主要是有参加角色的孩子的父母或祖父母前来观看,每当自己的孩子出场的时候,家长在台下都分外激动,赶忙向其他村民介绍。孩子们在台上也表演的有板有眼,丝毫不因为观众不多而有情绪。

6. 兵分两路"送神"仪式

社首李增旺等在祭祀完虫蝻王和龙王之后,到戏台子上看了看,就回到家中,稍事休息后,前往仙殿指挥送神。在送神前,要焚烧大量纸锞。纸锞烧完后,一些负责抬白眉三郎、赤峰三郎和白面三郎的村民走进仙殿,将圣像抬出。同时负责送龙王的村民也将龙王牌位用红布蒙着放到一个事先放有纸香和白酒的木质托盘上,并把木制托盘放在一把太师椅上。送神的队伍主要有龙虎旗各两

"送龙王"

面,锣鼓班,掌竹、土地神、五道神、绿脸小鬼等。送神队伍在敲锣打鼓声中,围着旱池沿子转一圈,然后兵分两路去送神。

如同请神一样,还是西大社主要负责送龙王,而其他三社负责送白眉三郎等。在旱池沿子分开以后,西大社的文武执事,连同掌竹、绿脸小鬼等一起北上。过了北边的三眼阁后,到达龙王庙遗址。负责抬太师椅的村民将载有龙王牌位的太师椅放在路中间,然后撮土插香。在一切准备妥当以后,会首们点燃纸锞,给龙王爷磕头,西大社送神仪式结束。该仪式结束后,西大社社首李增旺还要带领众人前往南山奶奶庙给白眉三郎、赤峰三郎和白面三郎磕头。社首在磕过头后,要诵读"正月十六日完表文":

伏以:

神功浩浩纳群生于在宥,圣德昭昭周庶类以而无私事,当告虔之余暨伸才敬礼,终三献之后,鉴此具表伏愿本坛巍巍圣众合坐尊神返驾,回宫之余,高展电目之光,俯察愚蒙之隐,务赐千骑之福,亦除五瘟之灾,恩罩于三界,福临人间凡蒙，神惠无不输，诚恪具表，谨此告终。

2012年正月十六日
社首李增旺暨领合社人等叩

此表连同纸锞燃烧完毕，标志着今年的祭祀和"捉黄鬼"演出活动全部结束。依照旧制，这些送神的村民回到村中，就在仙殿举行过厨仪式。在本次"捉黄鬼"活动结束后，西大社操办这一次活动的五位轮值社首需要更换，会首们将今年举办活动的收支状况进行汇总，然后责成负责账目的会首尽快制定明细表张贴到原李氏祠堂对面的墙上在全村公示。在举行迓厨仪式时，会首要诵读"正月十六日过厨文"：

维：

2012年正月十六暨望日，中华人民共和国河北省邯郸市武安市固义村社首李增旺暨领合社人等，谨以香楮庶品之仪致祭于：

社首焚表祷告

九天云厨监斋使者曰维神，东厨司命定福府君，特修洁供报答苍穹，设厨炮制，无不洁清，今将供毕上酹神功，恪具菲馔，上奉尊神，惟冀昭格，监鉴兹冈忱，谨以上奉，伏惟尚飨。

在过厨仪式上，掌竹也要吟唱：

小耗保年年康泰，大耗保降福寿光。
门神保邪魔不进，土地保社宅安康。
灶神保善福水火，两厢下马祖牛王。
四下厢室宅火旺，背坐着关公二郎神。
赵元帅保四时吉庆，财神保福禄祯祥。
白鹦哥空中飞舞，杨柳枝遍撒乾坤。
出南海寻声救苦，敕封为送子观音。
小耗大耗降吉祥，门神保佑得安康。
增福财神来送宝，全神家过房进厨房。

旧制规定，过厨仪式结束后，西大社社首和本社全体参演人员集中在一起吃供饷。自从西大社"捉黄鬼"仪式被评定为"非遗"以后，尤其是社首李增旺被评为国家级"非物质文化遗产传承人"，刘二计等被评为省级"非物质文化传承人"之后，社首以"传承人"的形式被固定下来，过厨仪式和换社首仪式已经不再举行。今年西大社社首李增旺率众从南山奶奶庙祭拜回来之后，各自回家吃午饭，吃过午饭则回到仙殿收拾殿内众位神祇牌位和供品。下午3点半左右，供品、牌位收拾完毕，粘贴在墙上的黄色绸布也被摘了下来，先前摆放好的桌椅也被搬抬一空。仙殿又恢复到了"捉黄鬼"仪式前的破败不堪，除了贴在柱子上的鲜红色的对联和贴在横柱上的彩色拉花以外，几乎看不出这里就在刚才还是众仙云集的圣地。

而此时西大社各参演人员已经将自己的服装道具送回到西大社社首李增旺家中，那里有专门负责服装道具的村民在清点着数量，并将服装叠放整齐包好放到东屋专门放置服装的木架上。同时，"脸器"也在清点完毕后，再一次用酒精擦拭好，放到箱柜里留待下次使用，旗、牌、伞、扇也都陆续放回原处。

(三)尾声:丰富多彩的文娱节目

正月十六日下午 2 点左右,东王户、南三户和刘庄户的村民在送神回来吃过午饭后,就来戏台子上参加表演或观看演出。三个社的节目还是按照正月十二日抽签决定的顺序进行,正月十六下午是东王户演出,正月十七日上午是南王户演出,正月十七日下午是刘庄户演出。

"回娘家"

这三个社的节目大体相同,主要包括一些老年秧歌、歌舞,还有快板、小品、相声等。台子下面许多村民坐在简易的水泥条上,不时被台上的表演逗得哈哈大笑。正月十七下午演出结束后,固义村"捉黄鬼"仪式活动正式宣告结束。

四、"捉黄鬼"仪式的组织与"围护"

我们已经说过固义村的整个"捉黄鬼"仪式活动,从农历正月十二日奉神戏开始,到正月十七日各"围护"节目结束,历时长达 6 天,本村直接参与人员多大六七百人。尤其是在正月十五上午"摆道子"时,参演人员和观看人员最高曾达到四五万人。这么声势浩大的一项活动，能够有条不紊地展开，离不开其背后强大的组织系统。上文已经介绍整个"捉黄鬼"仪式活动包括狭义的"捉黄鬼"仪式，"捉鬼"仪式和脸戏演出，主要由西大社负责；还包括"亮脑子"和"摆道子"过程中其他三社出演的节目，由东王户、南王户和刘庄户分别负责。下面将简要介绍一下，整个"捉黄鬼"仪式背后的组织系统及其间的联系。

（一）固义村的村落组织及其相互关系

从行政归属上来看，固义村属于冶陶镇管辖下的一个独立的行政村落，村子里设有村民委员会。在固义村逐渐形成过程中，一些同姓家族的居民逐渐住到一起，形成家族聚居的状态，随着人口不断增多，住户规模不断扩大，这些聚居的家族就形成了自然村，也就是现在我们能够看到的固义村"一社三户"的格局。虽然从地理位置上很难找到每个社之间的界限，但是每个社的村民对自己所在的社是非常认同的。

笔者在调查过程中，经常会遇到这样的说法，"哦，她是东王户的"，"他呀，原来是刘庄户的"，"老师庙在他们刘庄户"，"俺们是东王户的，你上东王户来找俺们准能找到"。村民们在日常生活中通过这样的话语向"外人"介绍区分固义村这几个自然形成的"社"。其实，固义村这"一社三户"并非像割裂开的各自独立的大陆板块一样，互不相关，其实他们在面对外村甚至固义村以外的整个世界时，行政上的固义村观念是十分强烈的，这时候他们往往不会计较哪个社哪个户。村民们只有在内部交往的时候，才有某种形式的区分。比如在固义村村民的信仰世界中，就算是玉皇祭、火神祭这样看起来比较具有全村性质的活动，只要主办方不邀请其他三社社首和村民，人们照样不来参加。还有在"捉黄鬼"这样的活动中，东王户、南王户和刘庄户社首从来没有想过去争取举办权，在他们看来，"捉黄鬼"就是西大社的事儿，但同时他们会出演节目，称之为"围护"，他们认为，没有他们的"围护"，西大社举办的"捉黄鬼"就不完整，而西大社社首对此说法不但不反对还一定程度上表示认同。所以，在每次决定举办"捉黄鬼"时，西大社社首都要给其他三社社首和参演人员发出邀请，请他们出节目前来"围护"。虽然在举办"捉黄鬼"活动的主动权上，这几个社几乎没什么争议，但在"捉黄鬼"活动中，尤其是"亮脑子""摆道子"时，东王户、南王户和刘庄户三个社社首及村民又是相互竞争的关系。由于每个社都想紧跟着西大社"捉黄鬼"的"道子"，所以对于"摆道子"时的顺序只好在正月十二通过抓阄儿或者抽签来决定。从准备的节目上看，虽然各个社的节目大同小异，但他们都力争出奇出新，以期在表演中争取更多的观众，得到更多的赞赏。这种竞争意识和行为，从扎松柏牌楼上也可见一斑，每个社都想把自己的牌楼扎得更好，更吸引人。

上文也说到，这种有身份区分的竞争意识，并没有太多地渗透到日常生活中去，在日常生活中，这几个社的村民并没有因为归属不同的社而在交往上有任何的不适，几个社的村民之间有些不熟悉或不认识，并不是因为归属不同社，而是由于居住距离实在太远，而且固义村太大的缘故。总之，固义村的"捉黄鬼"活动从组织上明显地显现出该村"一社三户"的村落格局，即西大社是主办方，其他三社是"围护"方。"捉黄鬼"仪式因有其他三社的"围护"显得更加丰富多彩，吸引更多的人前来观看。其他三社村民也可以借给"捉黄鬼""围护"的机会，准备一些节目上台表演，既能愉悦身心，又能使得整个年节处于一种欢乐祥和的氛围中。

（二）"捉黄鬼"仪式的组织者：西大社及其社首

西大社是固义村最大的社，村民主要聚居在村落西边，其东边大体上到旱池沿子。从地理范围来看，约占整个固义村的一半。西大社形成于什么年代已经无从考证，从"捉黄鬼"仪式所存留下的一些记载来看，西大社的形成应该不晚于清末，至今大约150余年。西大社是一个杂姓村民组成的社，其中李姓、丁姓村民比较多，其次是董姓、马姓、王姓等。主要由各姓按一定比例推选出社首户，一共25户，每年的轮值社首是5户，主要负责全年度的祭祀活动及其他社里举行的集体活动。在这5户轮值社首中选出1位总负责人，据说，每年总的社首一直由李姓村民担任，各个社首的职位都遵从"父子相承"的传袭制度。

西大社现有社首30名，其中6名是今年新加入的。随着社首中老年人的去世，其后代随之补入。上文已经说道，由于"捉黄鬼"仪式已被纳入国家级"非物质文化遗产名录"中，加上社首李增旺已经被授予国家级"非物质文化遗产传承人"，李王成、刘二计等四名社首已经被授予省级"非物质文化遗产传承人"称号，每年的轮值社首已经较为固定，不再举行每年轮换的仪式，主要由李增旺等负责每年西大社的集体事务，其他社首则各司其职，协助总社首完成各项事务。李增旺今年62岁，他是"捉黄鬼"活动重新恢复的时候，承接其祖父的社首职位而增补进来的。在"捉黄鬼"仪式中，他没有角色演出，只是总负全责，协调整个活动的演出和进行，同时也是该活动的服装道具的主要保存者。据他介绍，他于大概1964年该村举办"捉黄鬼"仪式时，曾经出演《吊八仙》里的某位神仙，至此50多年没有再出演过任何角色。

社首丁文科，现年60多岁，其父亲丁兴良是西大社"资深"社首之一，在西大社"捉黄鬼"仪式重新恢复时，曾直接参与重要道具"脸器"的购买和制作。而后，这些"脸器"一直由丁兴良保管。丁兴良于2011年元宵节期间以80多岁高龄辞世。其后，较为精通"捉黄鬼"仪式各个环节和程式的丁文科接替父亲的职位，从普通的社首上升为主要社首之一，和其他三名主要社首一起与李增旺一道负责整个活动的总体事务。丁文科除了精通"捉黄鬼"仪式的各个程式之外，还是四里八村有名的"香头"。据说他给人"看病"很灵，并且不收取任何费用，加上他十分正直，颇得人心。他曾经穷十三年之功集资在大寺里给如来佛、药师佛和阿弥陀佛等重塑金身，花费7000余元。后来一直想将大寺修缮一新，由于经费问题，此事搁浅。当看到因为大寺坍圮、山墙破败使得佛像遭受雨淋时，难过之情溢于言表。他家至今保留着固义村最完整的古建筑，不大的四合院落里，进门是影壁屏风，转侧门进院，院子里有北、东、西三座二层楼房，均为石块奠基，青砖砌墙起脊硬山瓦房。房子内部的装扮也极富清末民初当地民宅的特点。

社首刘二计，现年60多岁，在"捉黄鬼"仪式扮演"二鬼"角色。其原为刘庄户人，后来由于妻子早亡，与西大社村民张天云结为夫妇，现住在西大社。刘二计扮演的"二鬼"角色，不是从其父辈传袭下来的，而是在20世纪80年代从西大社一李姓村民那学来的，他说他很喜欢这个角色。每次演出前，他都要修剪手脚指甲以示重视。他为人十分坦诚老实，在村子里很有人缘。在耕种之余，他还到附近村子的工厂做兼职，每个月收入八九百块。他在2008年被河北省授予"非物质文化遗产传承人"的称号。

（三）"捉黄鬼"仪式的围护者：其余三社社首及村民

上文已经说过，刘庄户、东王户和南王户三社，在整个"捉黄鬼"仪式中，是通过参演节目对该活动进行"围护"的，至于为什么称之为"围护"，他们自己的解释是，"捉黄鬼"仪式中，"大抽肠"是主要活动，其余的节目都是为了使这个活动更有影响力，更热闹而举办的，所以叫作"围护"。

1."刘庄户"及其"围护"节目

刘庄户主要位于西大社东边，东至董阁附近，南至小南阁附近，村民以刘姓为主。现任社首是刘奎昌，现年80岁。常年住在武安市，只有在"玉皇祭"、"捉黄鬼"活动时，才回来组织活动。今年其排演作为"围护"的节目主要有：武术、旱船、高跷、跑驴、秧歌、霸王鞭、狮子舞、跑猪、猪八戒背媳妇、推车逃

等待演出的小演员

荒、椒树精、莫官骑马等,其中比较有特色的是其推车逃荒和莫官骑马两个节目。推车逃荒,主要是讲述一家三口人在洪水到来之时,仓皇外逃的故事。主要人物有一个老头,一个老太太和一个傻儿子。老头推着独轮小车,老太太打扮一新坐在小车上,前面是头蒙黄巾、身穿对襟红杉、脸上绘以文丑面的"傻子"在前面推车,这个节目在人群中引起阵阵喝彩声。另外一个比较有特点的节目就是莫官骑马,主要表演者是一个小孩子,手执文扇,端坐在一匹木质的"马"上,这匹马放置在农用三轮车上,可以升高,小孩子后面还插着一个圆扇面,上面写着,"我小官,家住山西省沁源县莫家庄人氏,姓莫名能,前去长治县上任,途经洺漳河路一河马去也"。当整个木马升至最高时,距离地面大约三米,装扮的像个小县太爷的小孩子坐在上面镇定自若,手摇文扇,引来许多人观赏评点。

2. "南王户"及其"围护"节目

南王户村民主要分布在旱池沿子以南,尤其是小南阁以南,东至东阁附近,人数较少,村民以王姓为主。本次参演的节目主要有:锣鼓套、武术、狮子舞、竹马《审玉龙》、回娘家、七品芝麻官、霸王鞭、秧歌队、卖膏药及其他曲艺等。其中秧歌《回娘家》比较有特点,主要表现的是小媳妇回娘家,路上遭到傻小子调戏的故事。这些题材的节目,多为旱船表演。南王户村民将这个节目改编成轿子表演,颇具特色。主要演员有四个,分别是前后各一个轿夫,坐轿子的小媳妇一个,旁边一个傻小子。"小媳妇"身穿绸缎新衣,手执遮阳画纸伞,坐在轿子上面，旁边"傻小子"身穿破棉袄，拄着破木棍，蒙着脏乱的白头巾，走在轿子旁边，时不时调戏一下坐在轿子上的"小媳妇"。由于"小媳妇"的扮演者和"傻小子"扮演者都是上了岁数的老太太，本来就老态龙钟，再加上其滑稽的动作，引来观众的阵阵笑声。

狮子舞

3. "东王户"及其"围护"节目

东王户村民主要聚居在东阁以东，村民以王姓为主，今年参演的节目主要包括：花车、跑驴、西游记人物、七品芝麻官坐轿、快板、小品、少林武术、耍龙、军乐队演奏、广场舞等。

需要补充的是，在固义"捉黄鬼"活动期间，除了这三个作为"围护者"的三个社准备的节目之外，距离固义村南约三里地的新庄村村民在正月十四"摆道子"时也自发前来表演了跑旱船、跑小驴、扇子舞等丰富多彩的节目。

（四）村委会与"捉黄鬼"活动

"捉黄鬼"仪式一直是民间组织的活动，其组织者完全属于各社社首，从未有直接以基层领导的身份介入该活动的组织。但是村委会对该活动又不是不闻不问，而是通过一些具体事务来表示对该活动的支持。活动恢复的最初几年，活动经费一直是村民自己举办，后来随着开销的增大，村民的捐资已经不能应付活动的经费支出，这时候村委会就会适当地给一部分补贴。最近这几次，村民捐资进一步减少，村委会的补助成为活动经费的直接来源。另一方面，村委会还以村子的名义,以出"义务工"①的形式,召集村民修整路面等。村干部在整个"捉黄鬼"仪式中也以个人名义参加组织活动,比如西大社举行"亮脑子""摆道子""请神""送神"等仪式时,都是现任村支部书记手执黄色令旗走在队伍的最前面。据村民介绍,现任村支书十分热衷于固义村的民俗文化,他在去年竞选时,曾提到要重修仙殿、大寺和戏台子等"捉黄鬼"仪式所需要的重要场所,此一承诺颇得西大社村民欢心,纷纷投其赞成票。而新当选的书记果然不负众望,今年"捉黄鬼"活动一过,开春天气变暖的时候,原有的戏台子即被拆除,继之而起的是一座颇具规模的上下两层戏台。笔者于今年4月份前去调查的时候,该戏台子正在修建中,也许下一次"捉黄鬼"仪式的表演就在这个新戏台子进行了。

五、"捉黄鬼"活动中队戏和赛戏展演

前文已多次说到"捉黄鬼"仪式中除了"跑鬼"之外,还有一项很重要的组成部分,即西大社的赛戏和"脸戏"表演。在阎王台上,掌竹曾吟唱道"若问队戏名与姓,十殿阎君大抽肠",提出该村所演出的剧目主要为"队戏"。那么队戏、赛戏和脸戏之间到底什么关系呢?所谓赛戏,是指一种曾流传于山西、河北、内蒙古、陕西的古老剧种,是融民间祭祀与地方戏曲于一体的,具有浓郁边塞地方特色的传统文艺形式,赛戏形成于宋金时期,由于其历史久远,在戏曲界有"活化石"之称。《说文》上认为,赛,报也。赛戏其实就是在丰收之后为了祭祀酬神而演出的戏,这种戏的特点主要是角色设置简单,一般只有生、净、旦角,演出中没有唱腔,只有念白、吟诵和表演。在念白或吟诵时往往伴有锣鼓声,以增强念白或吟诵的音乐效果。有的节目中设有"掌竹",代替演员进行念白和吟诵,演员在其指挥下进行表演。关于"掌竹"一角下文有专门介绍。而"队戏",顾名思义,就是在行进的队伍中表演的带有情节性的仪式活动。由于是在行进的队伍中进行表演,这就极大地方便了观看者跟随着队伍动态观看整个表演过程,甚至因为没有明显的界限,观看者随时能够参与到演出当中。

从这几个特征来看,今年固义村"捉黄鬼"仪式演出的节目中多数为赛戏,

---

① 所谓"义务工",并非指村民无偿自愿干活,而是村委会以村子的名义雇请村民为集体做某项劳动。原来农村收"三提五统"时,集体尚有部分收入,这些"义务工"的工资直接由村集体支付,现在这一项收入成为基层政府对村落自治的一种补贴,即每年每村规定可以出多少"义务工",镇财政予以补贴。

严格意义上的"队戏"应该只有"跑鬼"这一个，当然从"队戏"表演的"可参与性观看"特点来看，四个社所有节目一起"亮脑子""摆道子"亦可以看作是两个完整的"队戏"演出。当然，还有一种说法叫作"脸戏"，其实就是戴上面具表演节目的形式。在"捉黄鬼"活动中，"脸戏"的范围差不多与"赛戏"相同。由于"跑鬼""亮脑子""摆道子"活动在前文已有详细介绍，接下来本部分将主要介绍本次"捉黄鬼"仪式中的赛戏演出。

（一）"捉黄鬼"仪式中的赛戏

今年"捉黄鬼"仪式活动中，赛戏主要在观音堂（即西卷棚）前的空地上、戏台子上、玉皇神棚和仙殿门口表演。其中在观音堂前的空地上表演的是"奉神戏"，主要由两出：一是《大头和尚戏柳翠》，一是《岑彭马武夺状元》。在戏台子上演出的主要剧目有：《大头和尚戏柳翠》（正月十四日下午）、《吊黑虎》（正月十四日下午）、《吊掠马》（正月十五日下午）、《点鬼兵》（正月十五日晚上）、《祭鹿台》（正月十五日晚上）、《吊八仙》（正月十五日晚上）。正月十五日中午在玉皇神棚前的空场地（即西场）演出《吊绿脸小鬼》《吊四值》《吊四尉》《岑彭马武夺状元》《十棒鼓》等，在仙殿门口表演了《吊四值》《吊四尉》等剧目。本来还有比较长的"三国戏"，比如《长坂坡》《虎牢关》《战长沙》《讨荆州》等，但由于村子里年轻的村民过了春节之后出外打工，主要演员没能凑齐而没有演出，实属遗憾。下面就以上赛戏中部分为例，简要介绍一下"捉黄鬼"仪式中"脸戏"的演出情况。

《大头和尚戏柳翠》这出戏一共有两个角色，大头和尚和柳翠，表现了早晨起床，大头和尚调戏民女柳翠的情形。据说，该戏的原型是"月明和尚度柳翠"的故事，讲述的是南宋高宗绍兴年间（1131—1162），温州府永嘉县崇阳镇人柳宣教科举得中，皇上授予其临安府尹一职。他到临安府上任，因城南永月寺竹林峰主持玉通禅师，没有前往迎接。柳到任以后，怀恨在心。于是暗差妓女吴红莲前往水月寺中，设法勾引玉通禅师。禅师终没能抵住色诱，犯了佛家的"淫色戒"，玉通禅师得悟之后，知道受了骗，愤而圆寂。投胎柳夫人胎内，生后即是柳翠翠。柳宣教任满准备离任返乡，不想得病身亡。柳翠翠迫于生活压力无奈到了青楼沦为娼妓，后来月明和尚云游至此，知道柳翠翠本是玉通禅师投胎而成，遂度化其成佛，这故事在明朝人冯梦龙编著的《喻世明言》中第二十九卷"月明和尚度柳翠"中亦有详细描述。只不过，西大社村名上演的《大头和尚戏柳翠》无论从情节上还是内容上都与《月明和尚度柳翠》相去甚远。《大头和尚戏柳翠》为哑剧，全场除了在开戏之前，锣鼓班边击鼓边吟诵："今朝有酒今朝醉，东街倒到西街内。若问对戏名和姓，大头和尚戏柳翠。"表演期间演员没有一句台词。柳翠翠的主要表演动作包括早起如厕、洗漱、泼水等；大头和尚则主要表现早起没事遛弯，看到正在泼水的柳翠，顿生调戏之意，之后是何柳翠一起表演相互调戏的场景，最后是大头和尚将柳翠反背下台。这是整个"捉黄鬼"仪式中唯一一出喜剧。

《点鬼兵》主要角色有白眉三郎、两位探神，还有一位掌竹，主要表现的是白眉三郎邀请诸位神仙前来观看"捉黄鬼"仪式的情景。前文已经说在演出前，西大社社首在幕后焚烧一道表文，之后演出开始。掌竹朗声吟诵：

一树梨花开满园，旌旗不动搅旗幡。若问太平无厮马，太平人贺太平年。少打伤人剑，常磨克己刀，万物凭天理，灾祸自然消。打鱼人手扶勾杆，遇樵夫斧披腰间。二人相见在江边，说现了半天寒暄。说不尽古今兴废，免二字饥寒，你归湖去我归山，劝君把闲事少管。一言未尽探神来——

伴随着掌竹吟诵，一黄一白两位探神走上台来。他们按照一定的步法走一个小过场后，两旁站定。掌竹继续吟诵：

将军上阵纳铫期，浑身上下紧相随。两条腿一似追魂马，报告威灵上圣知。
金骨朵银樽玉把，单行动神鬼皆怕，因为他正直无私，白眉三郎当坛坐下。
战国春秋将前来保驾，敕封七十二司内加一司，出现报司，敕封为咽喉司都巡按，阳间太急神，战国春秋将，起名唤英雄。
打死拦街虎，云游天下行。晋兵来追赶，隐藏乐和中。
欧方献白马，老爷得逃生。路过鹊娥山，疯疮疖缠身。
儒医来点化，咽喉一点痛。白眉留两道，颌下留二唇。
坐化鹊娥山，显化与争宗。争宗回朝转，并无爷行宫。
司内多加一，敕封咽喉官。好骑白马身穿红，鹊娥山前显威灵。
手执骨朵催香烟，白眉三郎点鬼兵。

"掌竹"吟诵完毕，白眉三郎上台，同样按照一定的步法寻场三圈到中间椅子上坐定。

《吊掠马》讲述的是关公制服前来替父报仇的颜良之子颜昭的故事，具体角色有关公、颜昭、探神和掌竹。大体演出情况如下：探神和关公上场后，关公端坐在戏台正后方桌子上的椅子上，做灯下观书状，掌竹吟诵：

一树梨花开满园，旌旗不动搅旗幡。
若问太平无厮马，太平人贺太平年。
少打伤人剑，常磨克己刀。
万物凭天理，灾祸自然消。
打鱼人手执勾杆，遇樵夫斧押腰间。
二人相是到江边，谈现了半天寒暄。
说不尽古今兴废，免二字饥寒。
你归湖去我归山，劝君把闲事少管。
一言未尽，探神来也。

探神应声上台，做跪拜、上香、焚烧祭关公表文动作后，本出戏的另一个角色颜昭上场。他是颜良的儿子，前来向关公报杀父之仇。关公从高处下来，跟颜昭交锋，最后把颜昭压在青龙堰月刀下即告剧终。与此同时，掌竹吟诵该剧全部唱词，内容是叙述关公的籍贯、身世，特别是他在原籍杀死熊虎员外家一十八口人，逃到涿州范阳郡，和刘备、张飞结为兄弟，直至长沙府大战黄忠，夜观兵书时，颜良之子颜昭前来报杀父之仇，被关公打败的全部经历。

（二）戏曲艺术的"活化石"：掌竹角色

上文多次提到，在整个"捉黄鬼"仪式中，"掌竹"一直是一个比较频繁出现的一个角色。在固义村"捉黄鬼"仪式中，"掌竹"角色头戴金色挂珠王帽，净面无须，身着红色莽纹袍，上场时怀里抱有一根长约30厘米的竹竿子。竹竿靠上一头被劈为28根细竹篾，暗合天上二十八星宿，中间系以红绸条。有学者认为，"掌竹"系宋代乐舞引舞人和宋金杂剧引戏人"竹竿子"在当今的遗存。自从王国维《宋元戏曲考》中提出"竹竿子"的说法以来，有关这方面的论述不少，但争议也颇多，主要原因是缺乏实际材料加以印证。固义村"捉黄鬼"中"掌竹"的形象颇像王国维提出的"竹竿子"，倘若"掌竹"真是"竹竿子"遗存，那么固义村的"掌竹"应成为研究宋元戏曲的重要资料，这种戏曲的表演形式在农村延续千余年，至今未完全消失，实属戏曲艺术的"活化石"。

在"捉黄鬼"仪式中,"掌竹"实际上扮演了多重角色。在"脸戏"演出过程中,他扮演的是"说戏人"的角色。由于这些脸戏的表演者大都没有台词,只靠形体动作来完成表演,这时候"掌竹"主要扮演的角色是主持人和解说员。一方面他要通过吟诵唱词,把将要出场的演员介绍到台子上来,并简要介绍该角色的身份特征等,当演员在台上演出时,"掌竹"还要向观看者介绍该出戏表演的内容。比如在《吊八仙》,他先通过吟诵的方式告诉观看者,该戏主要讲述的内容:

小憩时的掌竹

老人星降临元世,每日熬药又炼丹。千年不倒蓬莱客,祷与天官八洞仙。
当初是混沌天地,女娲氏人伦治世。大乾坤天地复生,为人要最良最贵。
且慢说他归他乡,且表自中原吉地。终南山柏一齐欢,骑跨仙鹤下云端。
八仙过海东游记,老祖骑牛过玄关。笙琴细乐闹该该(?)八洞神仙离天台。双手捧定蟠桃果,东西王母上寿来。未开八仙先开中间。

介绍完了该戏的主要内容以后,还要通过吟诵的形式把将要出场的"八仙"介绍到台前:

父是蓝田母秦氏,胎怀老祖八十余载,左肋丏降生,生在江南学卅李密树下,吕李为姓,姓李名耳字伯阳,道号一清道人,老祖骑跨青牛,打玄关所过,玉帝见喜,封为神仙,都期秀垒代帝王时,紫金冠他不戴,降巾文手内擒。赵蟠桃他为第一,有王母捧上金盅。门匾上写七个字"年年添吉老人星"。天将老人星,不与寻人同,短短无三尺,头与身相停。若问老公谁家子,他与天地一齐生,今日里广阳正赛,一个个都有姓名。

汉钟离来到。汉钟离秦时将军,修炼在终南山里。吕洞宾唐朝秀才,岳阳楼三寝三醉。张四郎逢游城外,铁底山神仙聚会。张果老驴蹄数声,赵州桥踏个粉碎。铁拐李借尸还魂，两步跑加言加急。曹国舅大宋皇亲，因不恋荣华富贵。韩湘子汉朝公门，他也曾鸾冠所佩。蓝采和药乐内班师，东京城徐家摩尼。众神仙变化多般，他曾将兵杀退，响赛罢，万事亨通，响赛罢荣华富贵，当今天子护佑，皇王爷江山依旧，终南山水出松柏，赴蟠桃八仙上寿，今日焚点一香炉，谢天谢地，谢三光，皇王有道民安乐，五谷丰登答上苍。

搽胭搽粉渡过河，擅能金鼓几张罗。人笑我，我疯公。长街摇伐小儿歌，手中执掌云阳板，口中常念道情歌，点头唤帝人不识，半字不识，蓝采和，蓝采和。

鬖髻蟠桃大肚皮，迟来花饭饱来归，左手揽，右手推，脚踏金价立毛龟，虽然不得神仙奏，且躲人间闲是非，千年不倒蓬莱客，招财利市汉钟离，汉钟离。

八洞神仙只我老，拜把王母驴（ ）山倒。面如铜，敬神宝，骑驴压碎州桥倒。手打渔鼓唱道情，入山去采灵芝草。手打渔鼓唱道情，顾托花园张果老，张果老。

一领布袍甚不喜，两眼翻曾吓死鬼。身难挪，步难移。搬黑煎头黑面皮。手拿铁棒过江河，两足不踏江海小。手拿铁棒过江河，借尸还魂铁拐李，铁拐李。

玉帝差我降下方，仙丹御酒我先尝。八仙曾赴蟠桃会，王母面前把名扬。海枯石烂为一岁，好吹铁笛张四郎，张四郎。

我是天边一神女，脚踏彩云就地起。奏神仙，万板起，按落祥云到这里。手打渔鼓唱道情，变化多端花扬女，花扬女。

知人知面知生死，好颜好色不中取。奏神仙，万板起。摩里山上神仙子。腊月重锦牡丹花，第八真人韩湘子，韩湘子。

马布袍里布包巾，爱戴青纱一似新。邯郸一景黄粱梦，愚主变化奏营生。渔鼓响，简板鸣，赵州桥上我先行。酒醉岳阳人不识，道号重阳吕洞宾，吕洞宾。

皇家宣名不肯受，龙心一点端然奏。千年有，万年奏。回首抱着金金兽。浦朝文物齐喝彩，金枝玉叶曹国舅，曹国舅。

八洞神仙止我乔，王母请我赴蟠桃。铁李拐的拐，张四郎的笛，洞宾凉席我不宜着。家住岳州岳阳县，岳佳楼上有家门，跟前无有子孙，洞宾师傅来度我，两眼翻睁认不得人，有人问我名和姓，千年成就柳树精，柳树精。

在"请神""送神"等仪式中，掌竹又"扮演"沟通人神的"天使"的角色。比如在"请龙王"的时候，他要吟诵：

昨日天边降值神，马蹄踏碎四方云。
前有小鬼来引路，后有判官紧随跟。
土地五道四值神，本县城隍来请神。

在阎王台审"黄鬼"的时候，他又充当了阎王的"代言人"的角色，他要通过吟诵来将阎王想要告诫村民的话表现出来。阎王主要是要借着审"黄鬼"的机会，奉劝世人诸善奉行，诸恶莫作，尤其是要孝顺父母，否则死后将不得安生。"掌竹"吟唱：

劝世人父母别欺，休忘了生尔根基。
倘若是忤逆不孝，十殿阎君难饶与你。
命二鬼绳栓索绑，到南台抽肠剥皮。

由是看来，在"捉黄鬼"仪式中，"掌竹"是一个十分重要的角色，更因为其在期间扮演了多重角色而备受人们尊敬。据村民介绍，现在西大社"掌竹"角色，由三个李姓村民扮演，他们都是从其祖父李起来那里承袭而来。今年扮演"掌竹"的是一个年轻的李姓村民，据说上一次扮演该角色的是他和他的叔叔二人。虽说"掌竹"角色也是从父辈那里传承而来，但由于掌竹有大量的唱词要记，而为了防止这些唱词在传承过程中丢失，老一辈的演员就将这些唱词抄了下来，称作"都本"。这些"都本"大都是民国时期重新抄写而成，后来李起来老人和丁德玉老人出于对"老玩意儿"的热爱与不舍，将部分都本藏于粮仓和墙洞内，使得"都本"没有完全失传，现在我们能看到的就是那个时候留下来的。1992年李起来老人辞世时，将手中的13个"都本"传与李长生，丁德玉老人辞世后将自己手中的三个"都本"传与丁延林。现在这些本子都被妥善保管，由于年代久远，一些纸张已经发黄变脆，为了保护这些珍贵的资料，几乎不予外人观看。

六、"捉黄鬼"：作为日常生活里展演的民俗艺术

"崇孝扬善"是固义村"捉黄鬼"仪式活动的重要理念。走在村子里，村民会告诉你"捉黄鬼"是怎么回事，在讲述完故事之后，还会增添一句："当子女的可要孝顺父母，要不然死了都得变成坏鬼，要受惩罚的。"村民们把这种"孝

道"精神与自己的日常生活结合起来，并将其在节日仪式中展演出来，可以说"捉黄鬼"仪式是固义村村民重视"孝道"精神的一次集中展演。

"捉黄鬼"仪式主要表现的是固义村村民在正月十五元宵节前后，为了祭祀本村守护神咽喉司白眉三郎而举办的社火活动。在整个仪式活动中，"捉黄鬼"是其中一个节目，也是最关键且最重要的一个活动。村民们是通过展演"捉黄鬼"仪式来奉献神祇，以期其能够降福免灾，保佑百姓。同时还有扮上"脸器"的赛戏演出，以及其他三社准备的作为"围护"的节目演出，这些共同构成了声势浩大的涤荡心灵的盛宴。从正月十二"奉神戏"开始，所有的村民都开始进入一种神圣的宗教空间，在这里他们想象出一个舞台，每一个人都在这个舞台上参与展演，到正月十五日上午"捉鬼"达到高潮，这时候人们完全进入一种"半狂欢"的状态，他们在这时尽情地欢笑，仿佛忘记了日常生活中的种种不快，同时，也通过这种形式将"崇孝扬善"的理念输送到孩子们的头脑中。在这场艺术盛宴中，许多村民们的心灵得到救赎，尤其是那些参与主要角色演出的村民，他们因为参与了为神演出的角色，而从心灵上得到了更多的宽慰，从而更积极地面对生活。

艺术源于生活而高于生活，我们只有将艺术还原于生活，才有可能更深层次地理解艺术的真谛。艺术的根本特性应该在于其生活性，其次才是美学性。我们认为，没有一种艺术是可以脱离生活而存在的，艺术正是人们在日常生活中，产生了审美的需要，才继而发生的。固义村"捉黄鬼"仪式正是村民在日常生活中，融入了节日气氛和宗教体验后的民俗艺术展演。整个仪式活动充满了虔诚，村民们为了准备演出不惜牺牲空闲时间，而这种演出几乎得不到任何物质上的回报。据说活动结束后，西大社每个参演人员将得到神祇供品中的数块糖。但他们仍然认真地准备，并且在表演中尽职尽责，力求完美。声势浩大的"捉黄鬼"仪式凝聚了所有村民的向心力，村民在这个集体活动中找到了共同的情绪和宗教体验，在他们看来，神祇被请进村子以后，人们的一言一行都关乎对神祇的虔诚，所以在这种神圣的节日里，人们的行动出奇的一致。

村民在这种节日中，通过共同的感情共同构建出一个神圣的空间。在这个空间里，每个人都有一种使命感，他们要通过自己最完美的表演来获得神祇的护佑。因为在这个时候，每个人心里都有一个神祇——白眉三郎的存在，这个神祇从一开始就被村民赋予了其客观实在性。换言之，人们认为白眉三郎是存在的，而且法力无边，所以村民们想要从神祇那里获得某种力量，以对抗不可知的世界给予自身的种种磨难。因此他们在进行身体上的艺术展演时，心灵上也展开了一种表演，这种表演并不做作而是发自内心，他们切实是浸身神圣中的一种本能反应。等到整个"捉黄鬼"仪式活动结束后，村民们从自己构建的神圣空间走出来，继续回到日常生活世界，过着普通的生活。然而，就是在这种看似平凡的生活里，村民们的精神世界一直都处于神圣空间的边缘，他们把看似不符合自然逻辑的行为纳入到缥缈无定的神祇世界中去理解，结果在那里他们得到了最理想的答案。

  每一次的仪式活动，都是村民日常生活在神圣世界的再现，他们通过表演将心中理想的世界变成短暂的现实。"捉黄鬼"仪式活动就是这样，与其说其是仪式活动，倒不如说它就是民众日常生活里的一次民俗艺术的集中展演，只不过这种展演的时空是村民们想象出来的一种理想世界罢了。

附录

附录一　本次"捉黄鬼"活动主要参与人员名单

2012年固义傩戏参演人员名单

1. 演员：

阎王：李彦军

判官：何增兵

大鬼：李维、李波

二鬼：刘二计、刘永强

跳鬼：李天来、李刘彦、李维旺、李王军、李晓军

探神：李更旺、李天旺、李东方、李魁方、李强、李景波

社火对的：马小保、丁栓明、丁海成、王白豆（已故，其子王胜利参加）

柳棍头：王桃林、丁文科、丁子彦、李更贵、李彦明、张金良

放枪：刘田顺、乔长喜、丁虎顺、丁双所、王丁栓、王怀安

管牲口：丁存良、丁二豆、王科的

管箱：丁兴良（已故，其子丁文生）、丁米仓（已故，其子丁双成）、丁元的、丁祥玉、丁子斌、李全旺、李乃明、李玉成、李锦儒

掌竹：李王成、李金玉、李金安

茶水：王保国、丁长元

点鬼兵探神：张海军、李文杰、李王军

化妆大鬼：丁兴良（已故）、丁米仓（已故）、丁元的、丁栓明

化妆四鬼：李永秀、张忠良（已故）、张二和

城隍：李向东

鬼判：马高强

王道：乔志刚

小鬼：王丁杰

土地：王小鹏

僧官：丁明

更锣：丁福喜、丁起元

四值：李学如、李长安、何顺田、马令军

四尉：李福和、李长元、马乃所、马振江

关公：丁元的

黑虎：张跃军

黄虎：丁子彦

大头和尚：乔长林

柳翠：刘丙成

《十棒鼓》

商人：暴丙全儿子

商人妻：李世维

小孩：本村孩童

鼓架：董丙贵、李玉川、刘维成、李国平、乔年林、乔长林、乔延林、乔玉良、乔成华、乔长顺、乔海顺、马红顺、马红伟、马长红、李增山、李虎山、李国强、李晓峰、李良林、李三、李红军

小鼓：丁广亮、丁广新、丁钊、乔兴杰、丁振义、丁振华、丁振勇、暴锐

沙烟品：丁金河、丁刘和、丁建新、丁文所、李玉魁、李子平、李振祥、李三丑

搭头二坛：丁麦山、丁考年、丁成的、丁有兊、丁增元、李魁林、李二丑、李三丑、马玉平

洗肠：刘田顺

搭神棚：马祥增、马兴科、马喜顺、丁小白

执事头：王天成、马增林、常栓林、智起枽

搭鬼台：丁双所、丁付全、丁大明、丁增田、丁赵喜、马有方

油匠：褚魁全、褚永华、褚永昌、丁树林、王金生、王增旺、暴亚军、李建杰、乔小三

玉皇：李增安

小鬼：王永义、王军、乔志江、高文锦、王赵杰、丁超、王则新、王丁一、刘斌、李振涛、高凯兵、李冰

黄伞：乔刘保

蓝伞：马拉昌

扇：董有贵

金瓜：马双生、丁喜安

斧钺：丁乃成、丁何栓

镫：丁何生、丁成的

刀：马天所、乔二保

枪：丁天全、马海平

龙头：李良林、李子明

牌：李金良、李计祥、马子良、马志祥、常所林、乔兴顺

小伞：李海安、李维安、丁付昌、李更的、李彦昌、马为民

旗：李建其、李涛、张亚男、张金雷

社戏（本次捉黄鬼仪式并未演出，据介绍在五六年前，曾演出过长达十天）

《长坂坡》《虎牢关》《讨荆州》等

2. 社首（共30名）

（1）原有24位：李增旺、李怀玉、丁礼昌、丁文生、丁元的、丁延林、李礼平（已故）、李长生、李王成、李全旺、李乃明、李所堂、李文旺、丁文科、丁起全、丁福喜、丁栓旺、丁祥玉、王桃林、董丙贵、刘二计、刘卫成

（2）新增6位：马增祥、丁子延、张虎旦、李金玉、李子忠、丁子斌

附录二 "捉黄鬼"活动期间社戏及其抄本（待查）

附录三 "捉黄鬼"仪式"非物质文化传承人"及传承情况一览表

（一）西大社传承谱系表

代别	姓名	出生年月（年）	文化程度	传承方式	学艺时间	居住地址	备注
16代	李庆福	不详	不详	家族	不详	顾义	民国村名（以下同）
	丁沛生	不详	不详	家族	不详	顾义	
17代	李逢春	不详	贡生	家族	不详	顾义	
	李卯刚	不详	不详	家族	不详	顾义	
	丁占元	不详	不详	家族	不详	顾义	
	马金全	不详	不详	师传	不详	顾义	
18代	李正年	1917	私塾	家族	不详	顾义	
	李起来	1913	私塾	家族	不详	顾义	
	丁宗贤	1898	私塾	家族	不详	顾义	

（续表）

代别	姓名	出生年月（年）	文化程度	传承方式	学艺时间	居住地址	备注
	丁南看	1905	不详	家族	不详	顾义	
19代	李长生	1941	初中	家族	1958	固义	现名
	丁德玉	1929	中师	家族	1945	固义	
	丁德秀	1921	不详	家族	1938	固义	
	丁石全	1938	小学	家族	1955	固义	
	丁起昌	1941	小学	家族	1959	固义	
20代	李增旺	1950	小学	家族	1972	固义	
	丁延林	1962	高中	家族	1985	固义	

（二）刘庄户传承人传承谱系表

	代别	姓名	出生年月（年）	文化程度	传承方式	学艺时间	居住地址	备注
传承谱承	9代	刘时禄	不详	不详	家族	不详	故亦	明清村名
	10代	刘俊义	不详	不详	家族	不详	故亦	
	11代	刘保柜	不详	不详	家族	不详	故亦	
	12代	刘大兴	不详	不详	家族	不详	顺义	民国村名
	13代	刘永亨	不详	不详	家族	不详	顺义	
	14代	刘楷生	不详	监生	家族	不详	顺义	
	15代	刘金田	不详	不详	家族	不详	顺义	
		刘玉田	不详	不详	家族	不详	顺义	
	16代	刘光谱	不详	不详	家族	不详	顺义	
		刘守川	1896	不详	家族	不详	顺义	
	17代	刘魁昌	1933	初中	家族	1954	顺义	现名
	18代	刘炳玉	1950	初中	家族	1966	顺义	

（三）东王户传承人谱系表

	代别	姓名	出生年月（年）	文化程度	传承方式	学艺时间	居住地址	备注
传承谱承	14代	王德松	不详	不详	师传	不详	顺义	民国时期
	15代	王景太	不详	不详	师传	不详	顺义	
	16代	王子成	不详	不详	家族	不详	顺义	
	17代	王培和	不详	不详	家族	不详	顺义	
	18代	王万福	不详	不详	家族	不详	顺义	
	19代	王有存	不详	不详	家族	不详	顺义	
	20代	王希斌	1914	私塾	家族	不详	固义	现名
		王金元	1917	私塾	家族	1935	固义	
		王聚银	1918	私塾	家族	1933	固义	
	21代	王社成	1932	初中	家族	1952	固义	
		王桃的	1938	小学	家族	1959	固义	
		王金河	1952	初中	家族		固义	

（四）南王户传承人谱系表

	代别	姓名	出生年月（年）	文化程度	传承方式	学艺时间	居住地址	备注
传承谱承	15代	王清	1888	不详	家族	不详	顺义	民国村名
	16代	王金	不详	不详	家族	不详	顺义	
	17代	王有成	1913	私塾	家族	不详	顺义	
	18代	王太平	不详	不详	家族	不详	顺义	
	19代	王同义	1906	私塾	家族	不详	顺义	
	20代	王化南	1924	中师	家族	1942	固义	现名
	21代	王二的	1950	初中	家族	1971	固义	
		王双年	1935	高小	家族	1952	固义	

注：以上四个表格均摘录自秦佩《固义傩戏与赛戏研究》，硕士学位论文，石家庄：河北师范大学，2008年，第81—84页。在此，对原制表人谨表谢意！

附录四 2012年正月十五日傩祭用款明细表

名　称	数　量	单价（元）	金额（元）	名　称	数　量	单　价	金额（元）
大龙球	18个	2.5	45	袖　章			60
小龙球	60个	2.0	120	蜡			37
黑白恶的	2个	80	160	清沅刷子			19
油　彩	5盒	15	75	袜子等			445
三　子	3口	80	240	缺　丝			12
鞋	20双	25	500	电　费			90
背旗杆	10付	30	300	桌　子			100
包头网的	5个	5	25	邯郸买东西加油			100
单　袍	10套	26	260	灯泡、灯口			30.5
枪头、枪缨	10套	10	100	喇　叭			158
黑　靠	1件	480	480	大红纸、金纸、五色纸			274
彩　笔	15支	3	45	松紧绳			9
地板黄	3斤	8	24	酒			27
布　带	5个	2	10	茶碗、酒盅			75
饭　费			50	竹　竿			110
大灯笼	4对	25	100	漆刷子、乳胶			26
小灯笼	4对	20	80	竹竿竹担于			80
红灯管	1件	230	230	蜡、黄表纸、香			261
黄的确良	5米	4.5	22	苹果、橘子、香蕉			214
大板内	6个	45	270	车票、火硝、爰鼓			242
图景、纸布、神棚布	80米	3.9	310	黄纸、胶布			23
大鬼衣裳布	10米	3.2	32	红果膏	1个	12	12
黄绿线			20	毛　笔	15支	1	15
鞭两响			180	灯　口			34
黑　布	1丈	2	20	油　条	36斤	4	144
铝　扣	6个		9	车　费			7
电　费			128	馍	61.5斤	1.7	104

（续表）

名　称	数　量	单价（元）	金额（元）	名　称	数　量	单价	金额（元）
糖			308	红纸、墨汁			91.5
纸、灯泡、胶带、打火机、卫生纸			31.5	酒、香油、卫生纸、黄表纸、胶带			211
烟、酒			106	公鸡	两只		80
叫黄鬼、车费、吃饭			200				
总开支	7594.3元	余款	405.7元	捐款	1900元		

注：此表根据贴在墙上的标注"2012年正月21日西大社宣"的公示簿制成。

制表人：李向振，制表时间：2012年7月29日。

附录五 固义村"捉黄鬼"演出行进路线示意图

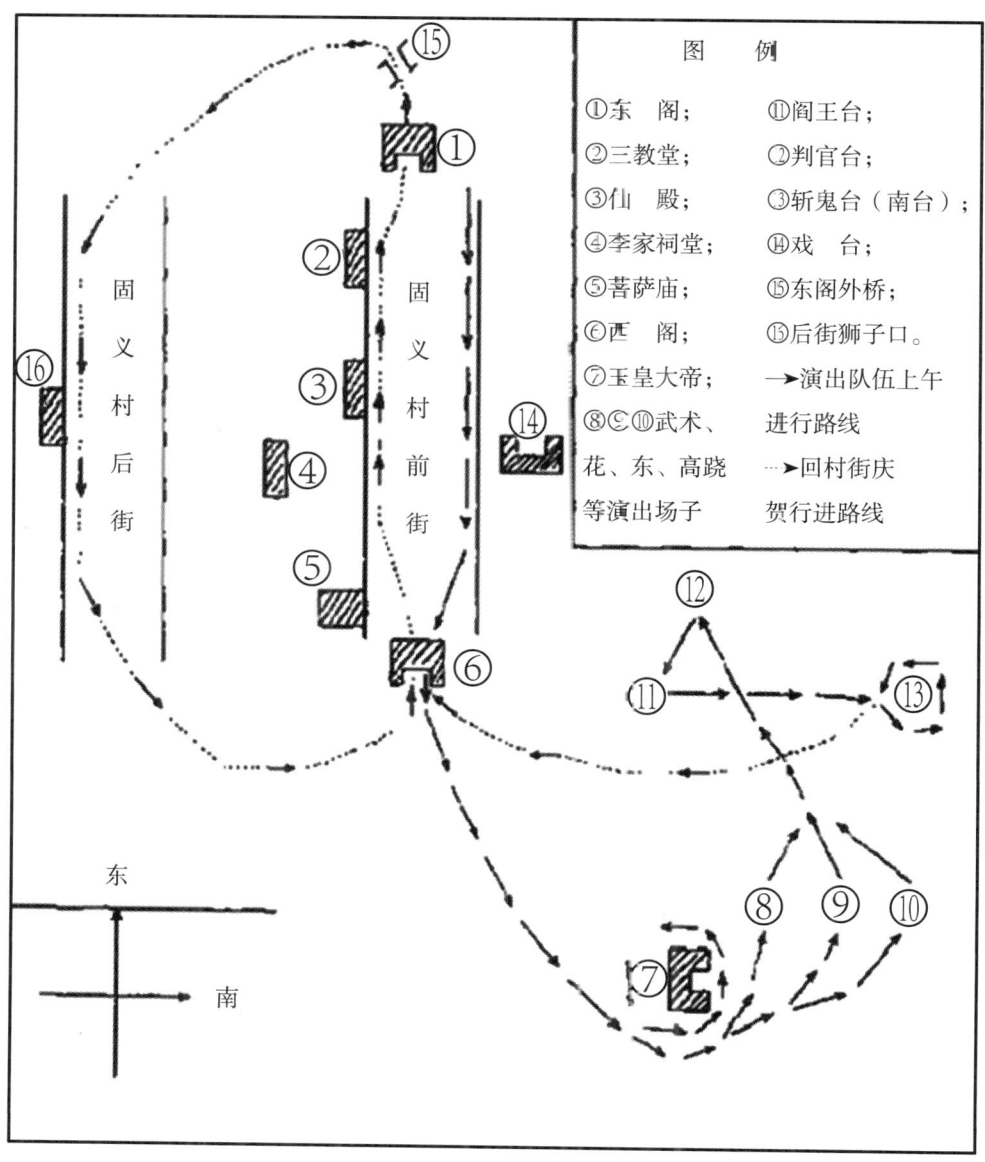

注：此图摘自秦佩《固义傩戏和赛戏研究》，第33页。

主要参考资料

1. 杜学德：《武安傩戏》，北京：科学出版社2010年版。
2. 杜学德：《武安固义的社火傩戏〈捉黄鬼〉》，载于《节日研究（第四辑）》，济南：泰山出版社2011年版，第93—113页。
3. 秦佩：《固义傩戏和赛戏研究》，硕士学位论文，石家庄：河北师范大学，2008年。
4. 陶立璠：《三爷圣会考察记》，载《民俗研究》1998年第2期，第34—35页。
5. 王福才：《河北傩戏〈捉黄鬼〉源于山西上党赛社考》，载《山西师范大学学报（社会科学版）》1995年第3期，第47—49页。
6. 武安市地方志编纂委员会：《武安县志》，北京：中国广播电视出版社1990年版。
7. 张午时、张茂生、李栓庆校注：《武安县志校注（民国卷）》，武安历史文化研究会。
8. 朱少波：《符号学角度下的河北武安"捉鬼"傩俗——以固义村"捉黄鬼"和白府村"拉死鬼"作为个案研究》，硕士学位论文，青岛：中国海洋大学，2011年。

青龙进驾

——冀南姚家峧"大进驾"仪式

在河北省武安市西南部有一带绵延起伏的大山，这是太行山的东麓，晋、冀、鲁、豫四省交界的地带。西南横行山脉及鼓山、紫金山山脉的连接处，静静地卧着一个名叫姚家峧的村庄。相传，姚家峧在明代建村，至今已有几百年的历史。起初是姚姓先人首先迁到此处定居，又因村庄坐落在山洼之中，故取村名姚家峧。

姚家峧依山而建，村中道路崎岖不平，田地与田地、道路与道路、房屋与房屋之间落差很大，村民常说走着走着就走到别人家的房顶上了。此外，整个村子几乎全部用石头堆砌而成，寨门、水窖、磨坊、石制民居和器具随处可见，它们是村落历史的见证者，也是村落的标识和象征。姚家峧周边山岭层叠，多山地梯田，居民以农耕和林木种植为生。小村虽独处深山经济落后，但古时所在的地域却是中原通往山西的要道之一，彼时户口频繁出入，劳力流动频仍。据民国《武安县志》记载："惟地狭而瘠，民贫且苦，故少壮之辈，多赴辽县（属山西省）租地谋业，或在本县作雇工"。不过四省通衢的古道勾连与地狭民穷的物质生活一样促成了诸多具有晋陕社火特征的村落仪式和乡民艺术活动——冶陶镇固义村捉黄鬼，邑城镇白府村拉死鬼，西土山乡土山诚会，还有姚家峧村一年一度的"大进驾"都是这方土地乡民艺术圈的佼佼者。'大进驾"更是集迎神、祭祀、队戏、赛戏为一体，原汁原味的春节社火活动。在这个依然保留着农耕传统的村落里，它不仅给姚家峧人带来喜庆、欢乐和希望，而且穿越百年时空，长传不息。

农历壬辰（2012年）龙年春节的武安市依旧寒风刺骨。明代文人袁宏道有"燕地寒，花朝节后，余寒犹厉。冻风时作，作则飞沙走砾。局促一室之内，欲出不得。每冒风驰行，未百步辄返"的感喟，武安市正处在燕赵古国的疆域内。

我们一行几人在大山深处的姚家峧村便冒着平均零下十五度的低温全程记录了龙年大进驾活动的整个过程，其中李生柱博士负责村落空间、人口、村民生计、节日体系、家族、仪礼习俗等概况，朱振华博士负责家族、俗信、乡民艺术、个人生活史及村级管理等概况，文化部民族民间文艺发展中心的王学文处长负责学术指导。伴随自然节令与传统节日的律动，我们目睹了姚家峧人在这些特定日子里从日常忙碌的生产生活中歇息下来，用福字、春联、剪纸、门签、鞭炮、新衣、饺子等符号装扮自己的生活空间，用烧纸、上香、磕头、祭酒、上坟等仪式表达对祖宗的追思、敬畏与感恩，用作揖、跪拜、吉祥话、压岁钱等规矩表达对长者的尊重及孩童的祝福，用跑宝马、划旱船、跑帷子、抬阁、板上乱叫等表达对大自然敬畏的同时还酬神娱人。换言之，姚家峧村的春节"大进驾"活动不仅仅是一种略带规律性的年节联欢，实际上在展示给大家这些色彩缤纷却又稚拙淳朴的乡民艺术活动的同时，让我们约略体认到这个不足千人的村落群体认识自己、感受自己、全民参与、自我强化与心理认同的人文旨归。

姚家峧村没有辉煌的村落历史，没有出众的村落经济，甚至功成名就、可供品鉴的名人或逸事也乏善可陈，如同万千个普通的中国村庄一样，如果不是特别的原因，大概终其村落诞生、成长、整合、兼并、变异、湮没的一生都会安安静静地引不起我们丝毫的注意。但是再怎么平凡的村庄也有其独特的个性，姚家峧人正是通过历史久远又独具魅力的"大进驾"活动让我们对这个村落的性格及其艺术的表达充满了温情与敬意。我们发现，在春节大进驾相关活动的筹备、组织、展演中，老人受到尊重，小孩得到关爱，父亲的能力得到认可，乡民的情谊得到巩固，村落的地位得到张扬，一个人的价值、一个村落的尊严、一个群体的希望都借助一系列神圣的仪式和稚拙的游艺活动得到充分的体现！

短短的壬辰龙年春节期间，河北省武安市徘徊镇姚家峧这个小山村留给了我们太多回忆和铭刻心底的印记。譬如我们曾经在进入这片田野之前设想过可能遇到的困难，但天气的严寒和生活的清贫给予我们这些在富裕地区长大的青年人还是以最生猛的冲击，好在以往的学术训练使得大家进入并适应角色的时间没有过多浪费。尽管调研时间有限，我们还是坚持按计划使用访谈法、参与观察法和抽样法相结合的方式，并且试图立足在乡民个人生活史的基础上对村落和社火活动的诸多方面予以深描。不过惭愧的是，囿于方言、时间、人手的制约与局限，整个调研的过程和结果依然留下了许多不足与缺憾。或许在这里，我们努力展现给读者的"大进驾"已经难以在事实上取得与其历史或现时状态完全吻合的风貌，但它饱含生命情感和生活愿望的热诚仍旧是这个华北村庄最值得瞩目的景观。

一、山穷水涸：村落语境

对乡土仪式的研究离不开对其生存语境的关注，仪式活动的形成、发展、展演与传承都离不开特定的自然空间和文化传统，即它生于斯、长于斯的村落及其传统。"作为乡土社会基本单元的村落，不仅仅是作为乡民艺术的生活空间而存在，而且给予乡民艺术一个结构意义的背景。"[①] 村落语境应该包括：村落空间、村落信仰、村落日常生活、村落历史等。我们研究村落信仰仪式，如果脱离了村落语境这个"母体"，忽视了对仪式存在的自然环境和文化传统的把握，就很难对仪式文本的内容做出准确的解读，也无法完全理解仪式展演的过程及其怎样在村民生活中发挥作用。因此，要了解姚家峧人的'大进驾'仪式活动，就让我们放缓脚步走近姚家峧村。

（一）区域地理

在行政区划上，姚家峧属于河北省武安市徘徊镇。

武安市位于河北省南部，太行山东麓，处太行山隆起与华北平原沉降带的接触部，晋、冀、鲁、豫四省交界地带，属山区县级市。境内主要有山区（占总面积的29.7%）、低山丘陵区（占45%）及盆地（占25.3%）三大类型，其中山脉主要属太行山余脉，全境总面积1806平方千米。武安地处海河流域，境内诸河均汇流于洺河；属温带大陆性季风气候，四季分明，年平均气温11℃~13.5℃。年平均降水560毫米，年日照时数平均2297小时，年平均无霜期196天。境内自然灾害频发，主要有旱灾、水灾、雹灾、风灾、虫灾、地震、霜冻等。武安矿产资源丰富，尤以煤铁矿最为有名，郭沫若曾有诗赞曰："武安铁矿峰峰煤"。动植物种类多样，主要农作物有小麦、玉米、谷子等，亦有"河北小米之乡"美誉。

武安是历史悠久的千年文明古县，7500年前就培育了著名的磁山文化，使武安成为中华文明的发祥地之一。在春秋时期，武安属晋，战国为武安邑。秦灭赵后，武安属邯郸郡。王莽新朝时，改武安为恒安，东汉初复名武安。西汉初设置县，属魏郡。唐武德元年（618年）以来，武安先后改属紫州、慈州、洺州、磁

[①] 张士闪《乡民艺术的文化解读——鲁中四村考察》，济南：山东人民出版社2005年版，第6页。

州。元至元二年（1265年），武安并入邯郸县，明洪武元年（1368年）武安仍属磁州，清雍正四年直属彰德府。民国初废府置道，武安属河南省河北道。1949年，武安县由河南省划归河北省邯郸专区。1958年，撤销武安县，西部并入涉县，东部划归邯郸市，称武安矿区。1961年，恢复武安县原建县。1988年10月6日，取消县建置，更名武安市，为省属县级市，由邯郸市代管。武安现辖22个乡镇、502个行政村，总人口70余万。

历史上，武安历来是交通要道和兵家必争之地，"武安"一词本含"凭借武力获取安定"之意。自古由平原通往山西有八条主要通道，即"太行八陉"，其中有两条途经武安，境内至今有"十八盘""黄泽关""峻极关""西通秦晋"等诸多古代文化遗迹。沿途村庄至今还保存着一些商业遗址，印证了这里过去几百年曾经商贾云集，交通发达。2200多年的建县史展现出武安波澜壮阔的历史画卷，也造就了武安地区深厚的文化底蕴。武安素有"太行明珠""千年古县"之美誉，是著名的地方戏曲之乡。武安傩戏被学者们称为"戏剧的活化石"，在戏曲园地里，武安平调、落子被誉为两朵梨苑奇葩。此外，武安还有古代冶炼之乡、小米之乡、近年又有全国"百强"县（市）、中国优秀旅游城市等荣誉称号。

徘徊镇位于武安市西南、南洺河北岸，距离市区22千米，邯（邯郸）长（长治）铁路、峰（峰峰矿区）涉（涉县）公路穿境而过。相传，徘徊镇建于宋代，因临南洺河，河水经此，盘旋而东流，故名徘徊。明嘉靖《武安县志》卷二中即

冬日里姚家峧村外景

载有徘徊镇。1953 年设徘徊乡，1958 年改公社，1984 年设镇，镇政府驻徘徊村。

徘徊镇辖区基本上全是山岭，太行余脉盘亘全境，冈峦层叠，山乡错落，属于山区贫困乡镇。工业以采矿、建材业为主，农业以小麦、玉米、大豆、棉花为主，林业以花椒、核桃、红枣为主，境内铁矿资源丰富。现辖 29 个行政村，8305 户，约 2.9 万人。姚家峧村就位于徘徊镇的腹地，全村傍依山谷而兴，略呈一个狭长的不规则三角形，是太行深处一个再普通不过的小山村。

（二）历史与传说

姚家峧建村历史悠久，据 1987 年立在村口的碑志记载："明代建村，始有姚姓，迁此定居。户繁人众后，李姓迁入，村渐扩大，姚姓居多。村庄又坐落在山洼中，故取村名姚家峧。"姚家峧人祖祖辈辈在这里生活了数百年，村落风貌也几乎被大山渲染出了相同的颜色和质感。与太行山脉星罗棋布的山寨、村落不同，姚家峧所处的这趟广袤的山坳，方圆 40 余里只有前后相邻七八里地的前李甲村、后李甲村遥相呼应，除此之外就是莽苍的数行大山傍靠了。从武安市出发要耐着性子经过近两个小时的山路颠簸才能在熟人的陪同下找到姚家峧的身影，汽车在姚家峧是行不通的，因为凹凸不平的石板路和狭小逼仄的空间容不得车辆驰骋。徒步迈进姚家峧，几处炊烟袅袅，两声鹧鸪啼鸣，外来者便恍然置身世外，忘却世间凡事了。偶尔传来的鸡犬马叫，才会让你意识到这里还有现代人在生活，还有一样的生活烦恼。村中的石街、石房、石磨、石臼、石阁，枝丫繁茂、

古旧的石制喂马槽

落叶层累的灌木，簇新瓦房一侧掩映着败落了的茅草旧屋，逝去的时光和鲜活的生命仿佛都豁然呈现在我们面前，它们也无不佐证了姚家峧村沧桑但富有生命活力的年轮。

顺着四通八达的羊肠小道往东南前行，沿曲折的田埂再走二里地，就是村民称之为"四峪寺"的寺庙旧址，它是姚家峧古老历史最易辨识的见证者。如今的寺庙基本被埋没在漫山荒草和不断翻新的梯田石道之中，断壁残垣藏头露尾，碑刻宝塔也多半砌筑在堆积梯田的杂石础基内外，碑文大半除了残缺不全就是漫灭不可卒读了。从陆续找到的乾隆三十年、嘉庆八年、咸丰九年等碑文记载来看，"四峪寺"有时又称作"赐峪寺"。在《重修立达宝塔记》碑文中刻有"大明河南彰德府磁州武安县四峪寺"字样，时间年代称谓无疑是大明朝规范的书写格式，只是碑文大半埋没在地下，难以辨识准确的纪年。而在不远处的康熙五十一年《重修赐峪寺殿宇募银记》碑文中则明确称之为"赐峪寺"，又有"去武安县西乡六十里有赐峪寺"字样。考明嘉靖本四卷《武安县志·祀典志》罗列的众多道观梵寺中并无"四峪寺"条目，但从《重修赐峪寺殿宇募银记》罗列的玄字辈、德字辈、圆字辈多达20余位和尚的题名和四方乡民慷慨解囊的捐献来看，显然迭至明嘉靖帝前后，四峪寺已在方圆百里内有了足够的影响力。"四峪寺"的称呼或许源自它和姚家峧一起被四个山头包围，处于四个山峪之中，这种推断与村里老人们的解释相同。"四峪寺"的名讳也要比"赐峪寺"更普遍一些，现实中也更容易为村民所接受，而清代多座碑刻"赐峪寺"的标榜显然有后起者镀金拔高的嫌疑，不过时光荏苒，一切已经和光同尘罢了。

据村民姚可友老人（85岁）介绍，四峪寺过去住有和尚，但从他记事起，庙宇就坍塌损坏，庙里的和尚也早跑光了。尽管占着一大片地，但却是一块荒地。土改时开荒地掀翻了比较规整的残垣断壁，后来又陆续地开荒种田，才慢慢萎缩成现在的样子，以前的众多碑刻大多也都在修田筑坝，与天斗与地斗的时代破坏使用了。

关于四峪寺和村中龙王庙、大进驾的关系，当地还流行着这样一则传说：以前四峪寺里的住持和尚去山西化缘，到了一个衰败的龙王庙，干渴难耐，不久便昏昏沉沉，恍惚间有个黑龙王给和尚托梦，希望跟随和尚来武安县享用香火。和尚又惊又怕，明白龙王进村必然要划地修庙，生怕村里保长不同意，不敢答应。第二天黑龙王又托梦，和尚推脱说天热难耐，不方便同行。黑龙王承诺说只要答应同行，便给和尚一把"天伞"。结果第二天和尚出门，走到哪儿都有云彩遮挡在头上,丝毫不受风吹日晒。和尚无奈,只得兑现诺言,携了龙王的牌位同行。临近村口,为了避免外人发现,和尚将龙王跟凉席卷在一起藏在四峪寺的后殿。过后不久天气大旱,可是姚家峧村逢旱有雨,旱涝保收。在一次求雨时,和尚不小心透漏了风声,大家才知道黑龙大神特别护佑本村村民,从那以后才建立了龙王庙,请进了九洞龙王,搞起了"大进驾"活动。① 据老人们说,1949年前后龙王庙还没倾圮的时候,庙宇殿内森然,共有九洞龙王及其形态各异的雕像,墙壁两面绘着上刀山、下油锅、拔舌、剜眼等恐怖景象,这些地狱变相图给当时还是个孩子的许多老人留下了深刻的印象。后来"破四旧",龙王庙倾圮,这些图画也一扫而空,前些年重修寺庙时请来的画工技拙,只能勾勒出简略的样子了。无论如何,四峪寺和村里的龙王庙、土地庙、关帝庙以及大进驾活动一起,承载着村民的信仰生活,也记述着村落的历史,只是老人们还隐约记得这些来龙去脉,孩子们却大多懵懂不知了。

姚家峧龙王庙外景

(三)村落人口

姚家峧村规模并不算大,现有200余户,600多人,且均为汉族,没有基督教或伊斯兰教信众。在国家放开"二胎"政策之前,人们基本恪守着计划生育国

---

① 访谈人:李生柱,朱振华,访谈对象:姚可友,访谈时间:2012年2月3日,访谈地点:姚可友家中。

策，夫妻头胎是女儿可以再生一个，头胎是儿子则不能再进行生育了。全村杂姓不多，一共姚、李、赵、杨几家，其中以姚姓为主，占村庄人口的90%。姚氏老人说，李姓、赵姓、杨姓自古居此，家族之间一向少有矛盾，按照迷信的说法，李、杨两家最易相处，因为"窑里（李）窑里（李），听起来就近，姓杨的也行，羊（杨）住在窑里面，别的姓在这就发展不开"。① 姚家峧土地贫瘠，沟壑密布的丘陵山坡田地狭小逼仄，灌溉尤其困难。除了核桃、板栗任其生长，玉米、小麦等粮食作物几近刀耕火种，产量不高。农业生活靠天吃饭，日常生活并不宽裕。村民素来有外出务工的传统，据武安民国县志记载："惟地狭而瘠，民贫且苦，故少壮之辈，多赴辽县租地谋业，或在本县作雇工。"近几年，村里年轻人和中年人也多去武安或更远的城市打工谋生，留在村里的多为老人和孩子。只有在过年的时候，全家人、全村人才能凑齐在一起。由此观之，"大进驾"也算得上是天时地利人和的活动。此外，近年在村中还出现了一个特殊的群体，那便是从越南"远嫁"过来的老婆。由于姚家峧地处大山深处，生计困难，村中小伙子找难找到对象，所以不得已才"娶"越南的姑娘。这些越南女人多在婚育年龄，会些简单的汉语，平时生活与村民日常并没有太大的差别。

越南女人们大进驾时的表演

① 访谈人：李生柱、朱振华，访谈对象：姚可友，访谈时间：2012年2月3日，访谈地点：姚可友家中。

姚家岐人淳朴善良，据《嘉靖·武安县志》记载，武安自古有"人民淳厚，务于耕织，勤于经营，敦本尚质，重本务实不尚浮华之俗"的传统，这种质朴的民风在姚家岐人的身上体现得尤为明显，朴实敦厚、热情好客、外冷内热是此地山民留给我们的深刻印象。这里的孩子天真无邪，整天围在我们这些外来者身边，叽叽喳喳吵闹个不停，但是他们又有一种不屈的韧劲和坚强，"大进驾"中有很多内容需要孩子们参与，如跑帷子、举阁、高跷、划船等，这些节目都需要反复的排练、演出，既耗费很多的时间，又耗费很大的体力，有的还具有相当的危险性。比如抬阁，抬阁也叫高阁，表演时要把四五岁的孩子举

间歇时玩耍的孩子们

到三四米外的高空中行进，且在摇摇欲坠的铁架之上表演各种动作程式。这个高度上，电线、树枝和房顶互相交错，危险重重，稍有不慎，便可能发生事故。然而，参加节目的孩子们总能出色地完成任务，在刺骨的寒风中尽管小脸被冻得红扑扑的，但却不叫苦也不喊累，流露出成人般的倔强和坚韧。相形之下，村里的青年人则显得很腼腆，他们只顾着认真参与表演或围观，与大山外面来的陌生人交流甚少，不过当我们向他们访谈的时候，大多也会十分耐心且小心翼翼地回答我们的问题，言谈举止处处有山里人的老实和本分。村里的中老年人才叫热情，有的主动跟我们这些外来人员攀谈，有的带领我们寻找村落中的历史遗址，给我们介绍"大进驾"以及讲述村落历史的时候更是言无不尽。只是武安方言在这个偏僻的山村似乎更加增添了独特的韵味，例如："昨天——夜个，月亮——明奶奶，饺子——疙瘩，厕所——茅地，堂屋——二房，上午——前响，步行——地奔，老——咯碴，早起——起五经"，无数个在外人听起来诘屈聱牙的词汇加上特有的音调平仄，当我们日常与这些可爱的乡民交流沟通的时候，自然会闹出许多

哭笑不得的笑话。

（四）基本生计与日常生活

姚家崆村现有耕地1500余亩，山地多为丘陵，梯田散布在高岗和山坡上，较为贫瘠，以种植小麦、玉米、大豆为主。当地缺少水资源，生活用水要靠采蓄雨水解决，自古便属饮水困难村。人吃水都有问题，山上的土地更得不到灌溉，全靠天吃饭。老人们回忆说，旧时倘若遇到风调雨顺的好年景，就能获得一个不错的收成，否则一定就会遭遇饥荒。

村民姚国旗指点圣井泉

水资源问题一直是困扰着当地人的一大难题。在村子周围的山峪中沿着山坡建有两个三米多深的储水池，面积都不是很大，池壁用石头堆砌。但凡碰到雨天，山上的雨水就会汇入池中，无论多寡，都是村民饮水的唯一源泉，过去，村民的日常用水基本都取自这几个水池。村东南靠近"四峪寺"的田地边还有一眼水井，四四方方的井池宽约一米。据村民介绍，它一年四季都有水，无论旱涝从未干涸过，当地人称之为"圣井"。旧社会时遇到大旱的年月，它便成为姚家崆人的救命井，村民争相前来打水，"响午队伍要排一里多地呢。"① 而且，还要安

---

① 访谈人：朱振华，访谈对象：姚社会，访谈时间：2012年2月4日，访谈地点：龙王庙前东墙根。

派专人轮流看守，以防外村人来此偷水。紧靠村庄的西北角，还有一个石头砌筑水泥抹就的大水池，这座水池修建于1979年初，曾是1949年后村里的主要公共蓄水点。后来由于年久，渗漏严重，逐渐废弃了。2002年5～7月，在上级政府和水利部门的扶持下，村里利用政府扶持资金对这个水池进行了续建、防渗和加固。三边池岸续高2米，池壁、池底防渗加固，新建池岸防护栏杆等，共花费105800元，其中，国债补8万元，村民自筹25800余元。新建后的水池长40米，宽25米，深6米，蓄水量6千立方米，基本满足了村民的用水需求，缓解了干旱年份全村的人畜饮水困难。现在的姚家峧，每户都在自家庭院里修建了水窖，每逢下雨的时候，雨水就会流淌到水窖里面，储存起来，以备日常所需。村庄这寥寥数个大水池，再加上每家庭院里的水窖，构成了姚家峧人生活用水的所有体系，而这条命脉的来源便是天上的雨水，而且人畜同源。在这个完全靠天吃饭的小山村，雨水丰寡旱涝的年景成为一个永恒讨论的话题。可以说，千百年来，村民与干旱抗争，祈求天雨、利用天雨的心酸历程无疑也是村落的发展历程。

　　独处深山的姚家峧人，由于自然条件的限制，日常生活比较艰苦。姚家峧村相邻最近的集市也要跋涉15里地，村民购买蔬菜鱼肉等副食品极不方便。不仅如此，村里的农副产品也不发达，尽管大多数柴房或院子里散养着几只鸡鸭，石墙旁边也圈养着两只山羊，但谁也舍不得宰吃。蔬菜成熟的夏秋季节，人们还能吃上自家种的几样新鲜的菜蔬，冬春淡季就只能吃点储藏的大白菜了。全村只有一个经营各类生活用品的小商店，村民俗称"代销点"，这个小商店位于龙王庙东侧，与土地庙毗邻而居。它是由一户村民自家的临街南屋改建而成，低矮幽暗的店铺货物供应有限，仅有的几瓶"可口可乐"和"王老吉"等饮料罐上都看得出有一层厚厚的灰尘。就算过年的时候，尽管家家户户也热热闹闹地准备了些鱼肉，但杀鸡宰鸭大快朵颐的"年夜饭"在许多孩子们的眼里却还是可遇而不可求。我们在访问过的四五位社火表演"跑帷子"的小演员中，相当数量的孩子对饱餐一顿鸡鸭鱼肉还视为是春节里最大的向往。

　　在姚家峧，山里的生活节奏单调而缓慢，即使在春节期间，天寒地冻的气候和贫乏的娱乐生活也让街道显得格外冷清。真可谓是"千山鸟飞绝，万径人踪灭"。早上八九点钟向阳的墙根下才偶尔出现几个老人晒太阳的身影，傍晚6点钟天色还没擦黑，街道上就少有行人了。上山、下山、庄稼地、锅旮旯（厨房）、媳妇子（女人）——没有锣鼓喧天的时光里，劳作和歇息构成了姚家峧日常时间的全部。

节日作为与日常形成反差的生活状态往往要在物质层面显示起码的出与众不同，例如丰盛的祭祀品或饱餐酒肉的喧闹，但姚家峧人的节日是简朴肃穆的。一年之中，除了春节以外，寒食、清明、冬至、二月二龙抬头、五月初五端午、九月初九重阳、腊八，上述这些节日姚家峧人也都认为是"老传统"。但他们仅重视"清明"与"中秋节"，因为前者必要上坟烧纸，后者定要走访亲朋。要言之，全年当中只有"清明""中秋""春节"三个节日是非过不可的，因为这些日子有约定俗成的规矩、仪式或者互动活动需要村民审慎认真的完成，至于其他节日，"想起来过，想不起来就不过了。"①当然，所谓过与不过的代价也并不巨大，无非是在这特定日子里一碗额外伴着新鲜蔬菜和大块肉荤的"拽面"罢了。

村委会公布财务状况的几组数字干瘪瘪的印证了姚家峧集体经济的清贫。在村委会二楼过道的展板上，张贴着过去一年（2011年）的《姚家峧村年度村务信息》，其中主要包括"2011年第四季度财务状况""2011年收益分配""2011年第四季度收入明细""2011年资助集体的款物使用情况"等总计13项内容。不难看出，在这由上级政府模板化印刷的村务信息表格中，大量的空白栏和财务收入"本季度无发生"的手写注解表明了姚家峧村集体生活尤其是集体经济的迟滞。整个2011年，全村总收入6.5万，其中经营收入1.8万，承包上缴收入0.43万，补助收入1万，其他收入3.659万，投资收益0元。富有戏剧性的是，全村2011年的总支出也恰好是6.5万，达到了准确的收支平衡，其中经营支出1.7万，管理费用2万，其他支出2.8万。截止到2011年12月底，又有集体各项财产分析，其中包含现金5187.31元，银行存款160元，库存物资、长期投资收益皆为0元。全村固定资产54184元，其中包括房屋建筑物39700元，机械动力1万元，公用文体设备1540元及其他资产2944元。由于地域条件和其他主客观原因的限制，姚家峧村既没有村办企业等经营实体，更没有引进或发展个体私人企业，花木、果树、养殖业或畜牧业等也处于封闭落后、自给自足的状态。

俗话说：穷在闹市无人问，富在深山有远亲。姚家峧不但独处深山，并且的确在这个贫富分化日益加剧的现实世界里有些穷困交加了。如今村民多希望把自家待嫁的女儿许配到山外，而不想嫁到本村或周边山村，外面的姑娘如今自然更不愿嫁到山里来。于是，姚家峧的小伙子找对象就稍显困难，家庭条件和自身条

---

① 访谈人：朱振华，访谈对象：姚社会，访谈时间：2012年2月4日，访谈地点：龙王庙前东墙根。

件优越些的话，或许能打动女方，找个本地的姑娘。在外面打工的小伙子也常会通过自由恋爱，领回一个外地的姑娘做媳妇。那些家里贫困、自己又"没本事"的男人往往是娶不到媳妇的，因为女方家按惯例会索要巨额的彩礼。在过去，武安人结婚就有"索聘"之俗。索聘，即结婚时女方主动向男方家庭索要财物。据民国二十九年《武安县志》记载："富者不论资财，中下人家即多索聘。聘者多在娶时，订婚时尚不多要，只一簪珥即可。迨婚时，折衣服、折缎匹、折首饰、折炉稞、猪半、种种索要不一而足，至少亦须白金。贫家无力迎娶，往往遣媒关说，往返磋商，数月不能定，甚有因此衍期，酿出其他案件者。"现在这种状况仍然没有根本的改观，家境一般的小伙子找对象十分困难，只好去"找"越南的姑娘。现在，村里已有十几个越南的媳妇，且多已生有孩子。大部分越南媳妇来了以后就随遇而安，安心生活，但也有些哪怕生了孩子，还是走了[①]。

贫穷的山里人有勤俭的生计方式。姚家岭人说"吃不穷，喝不穷，不会打算就受穷"，一日三餐是遍于武安的饮食惯例。除此之外，深山里的姚家岭人还有自己独特的饮食风俗和习惯，在主食方面，各家最平常的便是"拽面"。据说在改革开放前，由于生活贫困，这一带山里人只有在款待亲友、为老人祝寿、为儿童庆生的时候才能吃上面食，而现在拉面、勾面、拽面等面食不但已经成为村民的家常便饭，而且仍可作为待客上席的主食。我们在姚家岭调查的这段时间里，最可口的饭菜便是每天中午寄住在农户家的大婶给大家做的拽面。制作拽面，颇为费时，早上7点左右，我们吃完户主自家炸制的油条出门调研的时候，远远地就看到大婶在厨房开始准备和面做面条了。后来见得久了才发现做拽面也是一个技术活：和面时，先加入适量食盐，一番揉望捶打，稍停片刻，然后将面搋成细条状，抓住面团的两端上下抖动使之顺溜，到一定长度后，两手靠拢拧转在一起，反复抻拽，直到均匀光滑才算完成基本的工序。把抻好的面料放在面板上，用面杖擀成长方形面片儿，用刀拉成一厘米宽的面条若干根。两手抓住两头，一把一把或一根一根地抻拽，拽到粗细适宜时才下到滚水锅里煮熟。与此同时，小灶上用白菜、咸菜、一丁点儿肉丝等混合在一起翻炒，做成菜卤，最后浇在出锅的拽面上才算全部完成。

春节——这个与农时节奏关系紧密，与过去、当下的农耕社会紧密相连，与

[①] 关于越南女人融入姚家岭人生活的程度说法不一，但大多自迁入后逐渐能掌握简单的方言，并大多能融入家庭生活。在大进驾活动中，她们还以越南歌曲伴奏，身着花色窄袖长衫表演越南舞蹈。

"吃喝玩乐"密切相关的传统节日，当它被抽离或简化为一种经济符号之时，姚家岹人的基本生计和日常生活展现给我们的印象是节俭与清贫。思想的守旧，生活的单调，经济的落后，交通的闭塞，物产的匮乏，这一切导致姚家岹人拥有基本的温饱水准却没有多样的消费选择。举例来说，我们调研期间入户居住在村书记特意安排的同胞兄弟家，这家房屋青石粉墙红瓦，在村子里是数得着的时兴新房，户主在山外煤矿上打工，经济收入也居全村中等偏上。饶是如此，从正月十二到正月十六日，尽管户主竭尽所能地给予我们这些远方来客热情的接待和照顾，但在春节整整五六天之中尤其元宵节在内，举家除了偶尔一丁点儿屈指可数的肉丝，基本上是每人每餐一碗拽面、一小碟腌制的萝卜咸菜、一大盘醋熘白菜、两碗玉米粥罢了。当然，年味的浓淡或精神的富足并不一定与奢华的表象相等，但这种物质层面的贫寒的确是姚家岹人真实生活的缩影。

（五）村落庙宇与日常管理

恶劣的自然环境和生存条件，使得姚家岹人对美好富足的生活充满了憧憬，他们期盼风调雨顺、粮食丰收、多子多福、四季平安……然而，在恶劣的自然环境和沉重的现实条件面前，人们往往还是要借助神灵的力量来获取心灵的慰藉。全村人有自己的信仰体系和庙宇空间，一年四季在不同的日期和节点都有相应的信仰活动，村里的几处庙宇不大，但神灵众多，它们笼罩庇佑着衣、食、住、行、生、老、病、死、福、禄、寿、财等方面的运势。农历二月二日土地庙上香，三月三日菩萨奶奶生日，四月四日圣母庙后堂祭拜，五月十三日关帝庙磕头，七月十五日圣母庙前堂祭拜，土地庙的日常维护，等等，特别是中老年村民以年复一年的膜拜宣教活动让全村人获得了心灵的期待和信仰的延续。

姚家岹村现有五座庙宇，分别为龙王庙、土地庙、关帝庙、圣母庙前堂和圣母庙后堂。值得注意的是，其他四处庙宇基本是以龙王庙为轴心蜿蜒一字排开，大体格局呈一个"乙"字形，起笔是关帝庙，收笔是土地庙，圣母庙后堂、圣母庙前堂、龙王庙则由北向南居中分布，这样就以龙王庙为中心，以村落地理环境的山势起伏形成了一个神圣空间格局。毫无疑问，从香火的兴旺和群众心理的现实角度观察，该村传统的神圣空间建筑群落也是以龙王庙为核心的。龙王庙位于整个村子的中央地带，它是大进驾活动举行的主要场所。龙王庙坐南朝北，由南屋、东屋、西屋和庙门等组成。整个庙宇占地面积不大，硬山式的建筑风格只有一进院落，墙壁全是用石头堆砌而成，远远看上去也有点破旧。庙门宽约1米半，高约3米半，有两扇红色木头大门。春节期间，庙门前青砖垒成的墙壁上

土地庙外景

寨门上的关帝庙

贴有大红底子的墨书对联："十龙治水，五谷丰登"，庙门框上又贴有对联："海晏河清世太平，风调雨顺民安乐。"门楣上部悬一块木质牌匾，上书"龙王庙"三个大字。牌匾的前上部为雕刻精美的纹样装饰，既有卷花草纹又有神灵人物。庙门顶端用黑瓦遮盖，为卷棚型结构，中间部分最高，依次向两端倾斜，横亘在庙门檐头的是二龙戏水石刻，小庙不大，但看上去却风格古朴又不失威严。

龙王庙内景

走进庙门，院子的右侧便是没有门窗外墙、整体呈开放式结构的东厢房。东厢房分为一大一小两间，房屋构造几乎可以算是柱廊形式。支撑厢房的水泥柱子上贴有对联："香云叆叇应九天之光华，灯烛辉煌接五方之瑞气"。廊檐上方挂满了红、黄、蓝等各色形状的裱纸，上面大多写有一大父母、庆贺元宵、奉三无私、天地位焉、禁锢振天、生成覆戴、天地之哉、天地生成等语句。东厢房最南面的小隔间实际上是砌筑完毕从未使用的一间厨房，春节期间供奉着一块"九天云厨尊神之位"，牌位是用黄纸写就贴在墙上的。牌位下面的灶台上用硬纸壳铺垫，上面凌乱摆着一碗水果、一盅酒、一小碗茶、一些面食，燃着一炷香和一支蜡烛。这间厨房也是临时放置表演道具的地方，比如帷子、大鼓、锣、部分服装等，日常表演完毕后就暂时放置此处。东厢房的大间尽管是简陋的柱廊式厢房，但神位森然，竹帘、桌椅、黄纸装饰、跪拜如仪的法度气象一丝不苟。这个大间由南至北摆着三个供桌，最南面一个供桌上面挂着一幅用黄纸写就的元宵榜文，

全文如下:

伏以时值交泰万民享更新之庆元宵百姓沐浴太平之休贺天地光临元宵会内徐发某等饮和食德敢忘深恩载天高地厚宜酬大德今兰佳节敬献笙歌会内金灯以悦神明睹灯之辉煌占年丰之康泰须至榜者通知(钤篆书印章)

尚飨食

公元二〇一二年元宵节全体村民叩千

有趣的是，榜文映衬烘托下的供桌牌位是"当今皇上万岁万岁万万岁"。排位前的供桌上还摆着一个香炉，燃着一炷香，供品有苹果、柿子等，另有两小碗面条、散放的少量油炸面食、一小碗酒和一碗茶，整个供桌布局以杏黄色绸布和黄纸装点，整洁雅致又显庄严肃穆。

因为榜文悬挂在靠外的竹帘上面，与后墙还有半米左右的距离，于是墙上不知是由工匠还是村民砌筑了两级阶梯状的供台，在最高级台阶的正上方粘贴供奉着黄纸写就的"天地社"三个墨书大字充当牌位。"天地社"三个字下面的黄纸上又竖着写有各路神灵的名称，从右到左依次为：奉供五道将军尊神之位、奉供当境山神尊神之位、敕封忠讚侯尊神之位、奉风伯雨师雷公电母之位、奉(虮)蜡尊神之位、山川潭洞海岛龙王遵神之位、山川社稷五谷尊神之位、护国灵贶王尊神之位、清源妙道真君尊神之位、承天效法后土高皇大帝之位、东岳天齐仁圣大帝尊神之位、天地水府三官大帝尊神之位、昊天金阙玉皇上帝尊神之位、北极真武玄天上帝

正殿榜文

天地社榜文

扫瘟逐疫牌位

尊神之位、玉清宫广生大帝尊神之位、九天圣母天下雨部元君、敕封关圣伏魔大帝、护国灵惠王尊神之位、奉供当年行雨龙王尊神之位、本县邑主城隍尊神之位、敕封广禅侯尊神之位、敕封灵应侯尊神之位、奉供本境土地尊神之位、奉供张仙师尊神之位、本境庙貌合座龙神之位。上述神灵基本上囊括了天地三界的主要神灵，其中，"昊天金阙玉皇上帝尊神之位"居中，是最主要的神灵。在"天地社"下方的土质台阶壁上也贴着一张黄纸，上面从右到左依次竖着写有：火帝真君、福禄三星、喜神、群仙各洞、天地三界十方万灵真宰、鬼神之位、财神之位、天官赐福神，最低一级台阶上则供奉着一支蜡烛和几个瓜果。

东厢房大间最北侧的供桌是"三界主瘟大帝"的牌位,牌位后方的黄纸上从右到左依次竖着写有:敕封感成将军南方行瘟使者朱天麟之位、敕封显应将军东方行瘟使者周信之位、敕封显圣将军三界主瘟大帝、敕封感威将军西方行瘟使者李奇之位、敕封感应将军北方行瘟使者杨文辉之位,大略都是些《封神演义》里面有辟邪降妖驱祟功能的人物。黄纸的周边还贴有一副紫色对联:"逐疫何须方相氏,驱瘟不用火难神"。横批:"扫瘟逐疫"。

龙王庙的正殿同样是没有外门窗及前墙的开放式结构。整个殿宇用里外六根红色圆柱搭建而成,每排两根,共三排,这三排柱子把正殿分割成两个空间。第一个空间为第一排和第二排柱子之间,是祭祀龙王的地方。两排柱子上分别贴有对联,其中第一排上油墨刷写出:"功参天地育万物,德配风雨聚百川"。第二排上红纸墨书:"九洲之玉液德并乾坤,六合以甘霖功隆位育"。第二排两根柱子中间是龙王庙灵位、神祇的主要供奉地方。两根柱子之间的横梁上垂下薄薄一层竹帘,竹帘上覆盖张贴着用黄纸写的祭龙王榜文:

盖闻阴阳□而为风阴气结而云阳气结而为雷阴和阳为电自托天地共公之用故易日雷以动之风以敬之雨以润之日以燎之今者设立香坛敬供用菲祭伏头既偓既渥生我百谷黍兴稷翼好收成当谨疏榜文(钤篆书印章)

尚飨食

2012年元宵节全体村民一心叩干

榜文上部由各色纹样装饰的木质横梁上悬挂着蓝、红、黄诸色纸条,上面写着:"四海苍生扩无边、恩泽更比山岳大、黄金堆积价无边、青苗遍野滋黎庶、一滴能生万顷田、生时能喷三江水、蛟龙吐水满山川、云似山头雾似烟……"榜文的下方则是各路神灵的牌位,神灵名字也是在黄纸上竖排书写。从右到左依次为:当境土地尊神之位、当境迦山大王之位、敕封广禅侯之位、(虮)蜡尊神之位、当年行雨龙神、护国灵□王、齐圣广右王之位、德治祭侯尊神之位、风伯雨师雷公电母之位、敕封忠讚侯尊神之位、本县城隍尊神之位、五道将军尊神之位。

榜文的前面摆有供桌,与榜文下方众多神灵书写在同样一张黄纸上的规制不同,供桌上是独立的一束黄纸折叠成倒三角形的主神牌位"昊天金阙玉皇上帝尊神之位",牌位的前面摆着面食、酒、塑料制成的桃子、柿子等供品。供品前面是一个香炉,香炉前面铺着一个垫子,以便祭祀者跪拜。

第二排和第三排柱子之间为龙王庙正殿最核心的神圣空间，其中隐藏的某些秘密至今让我们这些外人无解。这第三排柱子只是红底烫金色的盘龙纹样，没有文字。两根柱子中间悬挂有一块藏青色的布匹，上面贴着两张写满神灵名字的黄纸，上面的黄纸从右到左依次写有："敕封关圣帝君伏魔大帝、东岳天齐仁圣大帝、天地水府三官大帝、九天圣母天下雨部元君、昊天金阙玉皇上帝之位、北极真武玄天上帝、玉清宫广生大帝、成汤圣帝真君、清源妙道真君。下面的黄纸从右到左依次写有：供奉耍耍毛郎、供奉玉封毛郎、敕封护国苍龙、敕封晋洇龙王、敕封水德黑龙、封冲天侯九龙、敕封昭泽侯、敕封太华五龙、敕封白龙、敕封毛郎"。之所以感到特别神秘，是因为在这藏青色布匹背后显然还有一个真正存放偶像或供奉某些神秘物品的空间，可惜这块左右长约4米，上下宽约两米的布匹将后墙（或者是另一个隔间）遮挡得严严实实，而所有村民尤其是大进驾仪式的参与者们对此皆讳莫如深，大进驾活动以外的民众和所有的女人是严禁靠近的。跟笔者最熟络、田野关系搭建的也最亲近的青年村民姚国旗在有次谈话中也问道："龙王庙最后面的地方社头有没有让你们看？"① 在得到否定的回答后，姚国旗写满笑意的脸上既有不出所料的得意，更有几分释然，这些善意的推脱阻挡都使得我们对这个谜团保留了应有的避讳和尊重。从整个庙宇的神圣格局来看，正殿是最为重要的神圣空间，摆放着主要神灵的牌位。在这些神灵中，"昊天金阙玉皇上帝尊神之位"被摆在最显要的位置，说明在姚家岘的信仰体系中玉皇大帝是主宰一切的主神。此外，龙王的地位也得到了凸显，它们的牌位安排在玉皇牌位的后面，即第二个也是最为神秘地方，整个布局等级森严，井然有序。

姚家岘村大进驾活动期间龙王庙祀神分布结构表

龙王庙	所在位置	主神名讳	陪祀诸神
东厢房	南隔间	九天云厨尊神之位	无
	北隔间供桌a	当今皇上万岁万万岁	无

---

① 访谈人：朱振华，访谈对象：姚国旗，访谈时间：2012年2月4日，访谈地点：村南四峪寺遗址。

龙王庙	所在位置	主神名讳	陪祀诸神
	北隔间供桌b	天地社	奉供五道将军尊神之位、奉供当境山神尊神之位、敕封忠讚侯尊神之位、奉风伯雨师雷公电母之位、奉（虮）蜡尊神之位、山川潭洞海岛龙王遵神之位、山川社稷五谷尊神之位、护国灵貺王尊神之位、清源妙道真君尊神之位、承天效法后土皇大帝之位、东岳天齐仁圣大帝尊神之位、天地水府三官大帝尊神之位、昊天金阙玉皇上帝尊神之位、北极真武玄天上帝尊神之位、玉清宫广生大帝尊神之位、九天圣母天下雨部元君、敕封关圣伏魔大帝、护国灵惠王尊神之位、奉供当年行雨龙王尊神之位、本县邑主城隍尊神之位、敕封广神侯尊神之位、敕封灵应侯尊神之位、奉供本境土地尊神之位、奉供张仙师尊神之位、本境启貌合座龙神之位
	北隔间供桌c	三界主瘟大帝	敕封感成将军南方行瘟使者朱天麟之位、敕封显应将军东方行瘟使者周信之位、敕封显圣将军三界主瘟大帝、敕封感威将军西方行瘟使者李奇之位、敕封感应将军北方行瘟使者杨文辉之位
	北隔间东山墙		火帝真君、福禄三星、喜神、群仙各洞、天地三界十方万灵真宰、鬼神之位、财神之位、天官赐福神
正殿	中央供桌		昊天金阙玉皇上帝尊神之位
	正殿榜文		当境土地尊神之位，当境迦山大王之位，敕封广神侯之位，（虮）蜡尊神之位，当年行雨龙神，护国灵□王，齐圣广右王之位，德治祭侯尊神之位，风伯雨师雷公电母之位，敕封忠讚侯尊神之位，本县城隍尊神之位，五道将军尊神之位
	后山墙黄纸		敕封关圣帝君伏魔大帝、东岳天齐仁圣大帝、天地水府三官大帝、九天圣母天下雨部元君、昊天金阙玉皇上帝之位、北极真武玄天上帝、玉清宫广生大帝、成汤圣帝真君、清源妙道真君
	后山墙黄纸		供奉耍耍毛郎、供奉玉封毛郎、敕封护国苍龙、敕封晋洏龙王、敕封水德黑龙、封冲天侯九龙、敕封昭泽侯、敕封太华五龙、敕封白龙、敕封毛郎

备注：以上诸神全部以墨书黄纸形式表示，主神一般折叠或长三角尖顶签状牌位单独竖立在供桌中央，陪祀诸神则直接以墨书文字形式集中书写在黄纸上张贴或分布在主神一侧。

比起外部世界不计其数堂皇富丽的庙宇来，这座大山深处的龙王庙可以算得上寒酸简陋，不过简单却又不失基本的法度规制，也可谓麻雀虽小五脏俱全。正殿在木质材料、结构方式、建造技术、审美趣味等方面在重修后还是保存了旧时建筑的传统式样风格。正殿两边的墙壁上绘有两幅水彩笔画，西面山墙绘一幅八仙过海图。何仙姑手执荷花，铁拐李坐卧葫芦，韩湘子手抚长笛，汉钟离侧卧芭蕉，其他几位神仙或依或侧或箕或坐，尽管看得出色彩格调并不古旧，但线条纯熟，人物形神兼备，应该是民间画匠的得意之作。东面山墙上据说是根据重修前的庙宇壁画，尤其是以村里老人的追忆描述为依据模仿勾勒而成的图画。这幅壁画气氛阴郁，色调沉闷，壁画上端绘有乌云密布的天空，云端里是两条色彩分成乌青和墨绿的恶龙，墨绿色恶龙的两只龙爪各抓捏着一个满脸凄楚正在啼哭的男童，青龙爪中也是一个做挣扎姿态的儿童，两条恶龙翻滚在乌云中间。令人感到诡异的是，云端下方的画面颇似姚家岭地形的纵横山冈和人家。在山冈的高处是身穿长衫形貌衣着高古的一对中年男女，男子背握双手，仰目望天，神情淡然又有几分萧索，女子却低头侧目，一脸的凄然。两幅壁画都没有款识题记，但风格稚拙而富有古意。

龙王庙的西厢房是"大进驾"后勤办公和烧水做饭吃饭的地方，屋里摆放着一个老式炭炉子，几张围坐取暖的板凳放在炉子的周围。"大进驾"活动事宜的商议大多都是在这里进行的，西厢房的其他小屋也都是储藏大进驾活动主要道具和演员、杂务人员乃至社头议事、歇息的所在。与东厢房诸多神灵牌位的神圣格局不同，西厢房无疑是现实的信众和虚幻神灵的人间侍从们生活和休憩的地方。

龙王庙西侧相隔15米是关帝庙。与大多数山村的样式相仿，关帝庙也是建在一座高约4米的石砌寨门上面，小庙基座所在的寨门至今仍在正常使用。关帝庙只有两三个平方大小，朝南和朝北各有一个木质的古旧小门，进庙出庙都需要从一侧的台阶拾级而上。庙内供奉一座关帝像，坐北朝南，正对南门。关帝像背后近年又新添了一座观音菩萨像，菩萨身着黄色衣装，外披杏黄色长袍，端坐在莲花宝座之上，手持杨柳瓶，菩萨身旁两侧站有童男童女陪侍。据村民介绍，因为村里没钱再筑新庙，这是为了节约资金才把两位神灵合并供奉在一起的。关帝庙由此既是关老爷的行宫也是观音菩萨的别院，不同宗教的神仙在村民的精心安排下共享香火，各得其乐。关帝庙的屋顶也是硬山式结构，黑瓦覆盖。庙门窗为红色，门前挂着两串红红的灯笼。南门贴有对联："慈航普度人间难，慧眼常观世上音"，横批："众生云路"。这座关帝庙是一座基本没有改建或重修的老庙，几乎与寨门古旧的历史相当，除山墙是石砌外屋顶、柱子都是木料搭建，虽然木材多有腐朽，但古意盎然，样式老旧，从形制色彩判断应该是村里保留旧时样貌最

龙王庙东山墙壁画

西山墙壁画

为完整的庙宇。

土地庙位于龙王庙东面200米处，同在村子里主要的东西干道上。小庙坐北朝南，供奉着土地爷爷、土地奶奶等神灵，也是几年前在原址上重修建成。姚家峧村另有圣母前堂庙和后堂庙，前堂庙位于村子南部，庙门朝东，规模不大，农户家庭的建筑式样，幽静而别致，里面供奉着广生圣母碧霞元君、值符神、天仙圣母紫霞元君、青阳乡朝阳洞胡老仙师尊神等神灵。据村民介绍："广生圣母碧霞元君是治疗眼睛疾病的，天仙圣母紫霞元君是给人送子的，求子或拴娃娃的人要祭拜她，而青阳乡朝阳洞胡老仙师是负责给人治病的。"①后堂庙位于前堂庙北，它是一家住户的南屋，里面供奉着侯家毛郎、二奶奶、王母娘娘、大仙圣母等神灵。据看庙的村民介绍，后堂庙原来的旧址就在此处，后来后堂庙毁于20世纪六七十年代，有姚姓人在其旧址上建房盖屋。前几年，这户姚姓人家搬出大山，到外面定居了，几个热心的村民便利用他家的南屋恢复了后堂庙。据庙里执事的姚姓老人介绍，姚家峧人俗称的"前堂""后堂"实际上就是"圣母庙"，也就是"泰山上碧霞元君奶奶歇脚的地方"。

姚家峧村的这几座村落庙宇都具有悠久的历史，20世纪90年代村民曾集资对它们做过一次重修。我们在龙王庙西南处的角落里找到了当年重修时立的碑刻，上面写着：

盖世之间有建成，必有重修，自古常事也，于是武安市姚家峧村龙王庙、关爷庙、土地庙等在庙社主持下重新修建，敬塑圣像、开光等，全村共捐款三千八百五十元。其中有钱财布施和庙社人员用工数额，恐湮没而无后传，乃注之于石流芳千古，云尔。姚三地一百四十元、姚海毛一百元、姚新方五十元……庙社成员投工……

这五座庙宇构成了村落的神圣空间，是村民逢年过节举行祭祀活动的主要场所，也是自古至今维系村落信仰活动的主要平台。每年一度的大进驾活动便围绕着这些庙宇，尤其是龙王庙为核心展开。值得注意的是，就一个只有200余户，人头不足千人的山居村落来说，区区巴掌大的姚家峧拥有五座庙宇和数十位泥塑

---

① 守庙的老人姚兆祥（音）——指点说明，老人59岁，不识字，也不会书写自己的名字，平时在后堂打扫卫生，是本村村民。其年迈的母亲张氏住在圣母庙前堂一侧的厢房，日常起居生活都在圣母庙。

的偶像以及上百位拥有名讳称号牌位的神灵,这种信仰的宽泛和庙宇的规制仍然足够能让我们惊讶。在田野调查中得知,这几座庙宇除圣母庙后堂历史较短不足百年以外,其他庙宇虽经历过或维修或翻修,或改建或重建,但其存在时间的久远和名号的恒定都是确凿的。这些庙宇历史上曾有过的众多碑刻、石刻、泥塑在特殊的历史时期大多被砸坏、搬运、砌筑到学校、水库、田地之中。龙王庙就曾被推倒,土地庙也曾被改造成牛棚,圣母庙更曾被斗争群众改建成房屋,但20世纪六七十年代以后它们都陆续重新恢复为村属的恒久性庙宇了。

不过,这些庙宇的修缮、维护和日常的管理却并不轻松。这几年姚家岐大进驾活动的领导者,也就是"社头"姚广海告诉我们,村里庙宇的一切修缮和维护费用几乎从未得到过县里或村委会等"上级领导"的支持,可以谅解的原因是"上级不支持迷信活动"。①事实上这些费用主要来自三部分:大修或重建时的村民、乡邻募捐(约占55%左右),大进驾活动时的乡民捐款(约占30%左右),这部分钱时常在活动期间就补贴或开销在节庆开支中了,庙宇日常功德箱的捐献(约占15%左右)。姚广海从自己随身携带的一本小笔记簿上给我们翻找到2012

姚广海手里的小账本

---

① 访谈人:李生柱、朱振华,访谈对象:姚广海,访谈时间:2012年2月3日,访谈地点:龙王庙。

年全年庙宇的功德钱和各种捐献,上面清楚地记着几笔账:大进驾活动在春节至正月十五期间群众捐款有 5351 元(捐款名单以红榜张贴在庙门),功德箱收入约略有 916 元,其他庙宇全年功德箱的收入则只有 810 余元。在姚广海看来,庙里搞活动的这笔账无论怎么算都是稳赔不赚。此外,姚家峧的这几座小庙如同千百座乡村小庙一样,既不会通过正常的程序到宗教管理事务管理部门登记,也没有可以取得一定报酬的人员进行持久稳定规范的日常管理。这种原因的形成是多方面的,例如庙宇的日常收入少是因为既没有经营性的活动也缺少大额捐献的乡村经济的基础,而掌握财务收入的中青年人对神灵的信奉也没有长辈们那么虔诚。

当然,姚家峧庙宇的日常管理之所以还能得以维持和运转,这是因为他们有其因地制宜的办法。其一,关帝庙、土地庙有热诚的几位中老年妇女负责日常打扫清理,所谓日常也无非是农历二月二日土地庙上香,三月三日菩萨奶奶生日,四月四日圣母庙后堂祭拜,五月十三日关帝庙磕头,七月十五日圣母庙前堂祭拜,另加清明、寒食等重要的节日。除此以外的时间关帝庙、土地庙大多是处在闭门谢客的状态。其二,圣母前堂和圣母后堂采用了民众生活与神灵偶像杂居的形式,这两座小庙在得以日常维护的同时也提供了生活实用的功能。居住在圣母前堂一侧偏房的张姓老太壬辰龙年刚好 75 岁(1937 年生人),平时老太太就生活在前堂的偏房,饮食起居竭力避免扰乱供奉神灵正殿的清静。日常包括后堂在内的两座小庙就都由老人和偶尔来探望的子女打扫,50 多岁的儿子也时常帮忙看护前后堂的安全。龙王庙比较特殊,平日里总是大门紧闭,除了春节大进驾活动或者极其特别的天气原因需要祈雨,保管钥匙的两位姚姓老人除了打扫卫生查看财物外一般是不会轻易打开庙门的,当然另一方面龙王庙不允许小孩和女人涉足也可能是造成疏于维护的重要原因。还有特殊的情况需要留意,比如据说如果有村民或乡邻来关帝庙、土地庙、圣母庙许愿还愿,遇到这种事情,开关庙门就成了无论多忙也该应尽的义务。与庙宇的日常管理相关的劳动不但不能收取任何酬劳,功德箱里面的善款也只能用于与维护管理有关的事宜。

二、酬神娱人:小山村的大盛会

(一)社火名称与时代沿革

春节期间姚家峧的社火活动,无论外边的"文化人"称之为社火还是傩戏,在本地村民口中一概名之曰"大盛会"或"大进驾",可惜这两种叫法即使在本地识文断字的人那里也得不到发音表达与字形写泛的共识。当地老人认为，大盛会是表示一年一度热热闹闹地过元宵节，场面热烈喜庆，四邻八乡的人都攒在一起，当然有盛会一般宏大隆重的场面。而"大进驾"这三个字虽然也难以达成一致的书写标准，但的确是他们老一代人就口耳相传的"规矩叫法"。① 考"进驾"一词，本义有驾车马前进的意思。《淮南子·览冥训》曰："青龙进驾，飞黄伏皂。"从这个意义上看，姚家峧村以正月十五为节日中心，骑高头大马并以马匹指代龙王，不仅表现为有章法的在龙王庙内外往来奔突，而且还穿插跨马游街的活动内容，恰恰吻合"青龙进驾"的表征。有趣的是，能够找到"进驾"这一词汇最早的典籍也正是成书于我国西汉时期的《淮南子》，而《淮南子·卷六·览冥训》中对于上古黄帝治下太平盛世风调雨顺的勾画描述与这个华北村落"大进驾"社火仪式的精神诉求竟然也有惊人的相似之处。该章写道："昔者，黄帝治天下……于是日月精明，星辰不失其行，风雨时节，五谷登熟，虎狼不妄噬，鸷鸟不妄搏，凤凰翔于庭，麒麟游于郊，青龙进驾，飞黄伏皂。"无论我们的解读是否牵强，但"天下清平安定、日月明亮，星辰运行正常不偏离轨道，风调雨顺而五谷丰登；虎狼不随意扑咬，猛禽不随便搏击，凤凰都飞临庭院，麒麟都闲游郊外；青龙进献车驾，神马安伏马槽"的理想国实在也是姚家峧人在新年伊始祭拜龙王酬神还愿的无上向往。至于个别识字村民在笔者一再要求下，勉强写出"大乘会""大诚会"等略显小众的表达，在这里也只能作为一个值得注意的个案提供给读者研究参考了。

遗憾的是，今天的社火活动在老人们眼里剩下太多仅供凭吊和唏嘘的背影。村里60岁以上的老人每每掐着指头数落一番为自己的童年、青壮年和暮年曾经带来过无限回忆和乐趣的"大进驾"或辉煌或暗淡的时代变迁。不过有一点共识，那就是姚家峧的大进驾活动的存在历史比任何一位在世的村民都要长久，无论是花甲古稀还是耄耋蹒跚的老人，无不在童年的记忆里能够翻找到自己大进驾活动里的身影。据年届九旬的姚可有老人回忆，自己幼时大进驾活动便早已每年或隔年举行了，尽管今天的活动内容和形式跟旧时大略相当，但无论道具服装还是演员唱腔，乃至马匹的身段体量都与几十年前鼎盛时的演出景象大相径庭。在老一辈人眼里，即使将大多数老人亲历的一生之中的六七十年作为时间段划分，大进

---

① 访谈人：李生柱、朱振华，访谈对象：姚可友，访谈时间：2012年2月3日，访谈地点：姚可友家中。

驾活动的演出形式、规模、仪式或表演内容等在各历史时期也各有不同。

中华人民共和国成立后不久，大进驾活动在这一时期虽然仍旧红红火火地进行着，但也不可避免地发生着变化。一贯由男人主导和控制的局面开始改观，例如在戏曲演出过程中不允许男女坐在一起的陈规陋习被打破了。在这个偏远的山洼小村里，大进驾活动中座次的变化也似乎昭示着固执的传统开始伴随新时代的春风发生了变化。

20世纪80年代后不久，伴随着改革开放和社会风气的逐渐宽松，姚家峧人尝试着让古老的传统重新焕发光彩。这种努力有发自内心真诚的信仰，但我们也不能忽视在这个与外界文化娱乐活动较少沟通交流的封闭山村，自然涌动着一股既能捡回失落的传统，又借此联欢娱乐的强烈渴望。改革开放以后，姚家峧村的大盛会活动渐渐复苏，但形式和内容在很长一段时间里囿于主客观的原因还是无奈的保持着简单的状态，举办时的场面与1949年前的轰轰烈烈不可同日而语。在相当长的时间里，村落经济的匮乏和外部世界金钱至上的诱惑成为了影响活动筹办的主要因素，隔年甚至隔几年举办一次大进驾已经不再单纯是因为按惯例看年景收成来酬神还愿，酬神还愿之外也更多具有了满足年节精神生活娱乐大众的色彩。

（二）社头领导与社火筹备

"正月里来锣鼓响，大家心里闷得慌"。从2009年开始，姚家峧村一口气连续举办了三年的大进驾，但社火筹备活动却是每年过了腊月，进入正月才开始的，这也是村子里的老人们自个儿分析如今的社火表演节目不太令人满意的重要原因。近年来村里远赴各地打工的青壮年与日俱增，大部分人虽然坚持赶回老家过年，但往往直到腊月底才返回村庄阖家团圆。这种状况直接导致了姚家峧的社火筹备时间一再变得仓促。

传统社火、傩戏、庙会游艺活动的组织者、发起者或领导者一般统称为"会首"或"社首"，姚家峧人则俗称"社头"或者"帷子头"。在姚家峧，大进驾活动从来是自发组织并约定俗成的推选出大伙信服的社头（实际上，姚家峧的会首更多还自觉充当了每年活动的倡议者和发起人），社头任职没有像人口比较繁茂的一些村落那样实行父子相传或轮值担任的讲究。社头任职的时间或长或短并不固定，担任社头的人只能是男性，对活动和仪式的流程不需要各项精通但要了解熟悉，以便指挥调度。在所有需要率众烧香磕头、跪拜祈祷，各种繁复仪式的履行过程中，社头还是叩拜在最前方执拈香火向神灵祷告的首要代表。整个活动的主持、领导、参与的团队大概有三四十人，但核心人员只有七到八名，严格意义上的社头也只能由一人担任。社头选出后，大体按照活动具体表演内容如跑宝马、跑帷子、竹马、贵班、旱船、抬高阁、板上乱叫（戏曲）、踩高跷、扭秧歌等等，按此将各项活动有序分工，由村落能人具体负责谋划，再就是协调全部活动的安全、后勤以及音响、道具、服装等勤杂人员。整个活动期间，除了开头结尾在龙王庙西厢房里吃饭喝酒搞点庆祝活动犒劳自己，还有两名老汉轮流在庙里西厢房日夜看守财物起居歇息、烧水泡茶供应演员使用外，其他时间从社头到杂务人员基本都是在自己家吃饭歇息。熟悉大进驾组织流程的老人们认为，"每年活动搞不搞，除了看年景收成，就要看社头想不想挑头了"。① 在姚家峧，1949年前社火的筹备工作由保长出头，保长往往也是姚家家族里有威望的长者，保长自然成了社头，随着时代发展，中华人民共和国成立后先是村长，再往后是村委书记。时任村委书记不支持而且异常的抵制这项传统，但帷子头还是有人敢于担当。

姚可有是老一代的社头。在他回忆当中，早些年的大进驾活动从没有像现在这样拖到正月里才开始准备。在老人的记忆里，只要确定了举办社火，天气一变冷，农活一结束，社头就四处张罗了。腊月，自家院子里的窖水悄悄结冰的时候，躲在家里过冬的姚家峧人便等着社头召唤活动了。那年月的青壮年大多冬闲在家，多余的力气正等着在农闲季节有处使唤。正月伊始，社头便召集各负责人商量好了大致的人员安排，然后挨个家门口"下帖子"，帖子已让会文墨的人写好了邀请与会的大概内容，有时也注明每人大致的任务安排。会不会有人推辞不去？老人淡淡一笑："有过一回！"不知道是因为时间的久远还是避讳，老人不愿意具体提到当事者的名字，只是说，那个接到帖子但推脱不去的村民，还没等到过年，忽然便在腊月底口眼歪斜，说话也不利索了。似乎这人也知道飞来横祸的源头在哪儿，带着香火和纸钱在村里的大庙小庙里好一番祷告才渐渐消灾。从老人的讲述里，这事儿尽管久远神秘的难以考证，但的确成了积极参加大进驾活动神圣不可推脱的佐证。

只要帷子头（社头）行动起来，下面的事情就好办了——定人员、选演员、开会议、筹经费、晒行头、整场地、修道具、搞排练。只要有足够的活动经费，旧时的姚家峧人在腊月里就能耳闻目见喜洋洋的鼓乐声和演员排练的身影。

---

① 访谈人：朱振华，访谈对象：姚社会，访谈时间：2012年2月4日，访谈地点：龙王庙前东墙根。

今天的姚家峧社头由49岁的姚广海领衔，其他的实际负责人维持在六七个，活动领导团成员基本都在壮年。年届知命的姚广海中等个头，由于长年在新疆打工，皮肤晒得黑黝黝的，乱蓬蓬的头发衬着脸上憨厚朴质的笑容，尽管辈分不高，但他在组织大进驾活动的团队里却有着令人信服的威望。老人姚凤书说，大进驾从来没有规定过由谁来领导，但总有一套不成文的办法。大略在年轻时活动参与的多，社火经验丰富又有点组织才华的慢慢就会成为新老交替后的新社头。现在，姚广海一点都不担心社火活动演出是否流畅，因为他和兄弟们不知是与时俱进还是参照歌舞团的演出经验，早已经拟好了一份美其名曰《姚家峧村非物质文化遗产龙年大型庆元宵活动工作人员及演员名单》。这份名单明确涵盖了导演、副导演、插道负责人、后勤治安负责人、灯光负责人、电工负责人、围的负责人、中老年秧歌队负责人、围神鼓负责人、片场花景负责人、贵班武场负责人、四季神位负责人、高跷负责人、竹马后场负责人、竹马后场音乐负责人、高阁负责人、高阁后场化妆负责人、旱船负责人、旱船后台音乐负责人等在内的详细调度名单。可另一方面，无论社头的活动能力和个人魅力有多大，这些年肯定无法像哪怕十年前那样过了腊八就能组织社火筹备活动了。这几年一直到腊月二十前后，甚至包括几个社头在内，村里的青壮年才能陆陆续续返回老家。平时姚家峧人则跟山外的大部分村落一样，只剩下一些老弱病残孕留守在村落，巧妇难为无米之炊，人手不够是影响筹备活动时间的首要原因。姚广海在整个大进驾活动中基本不参与演出，甚至不像另外几个年龄相仿的社头那样高兴了还要牵着宝马遛几圈，抱着帷子杆跑几圈，或者扯开嗓门吼几声，在大部分时间里他的任务就是忙前忙后地叮嘱和提醒负责人们各司其职，别光顾着高兴。

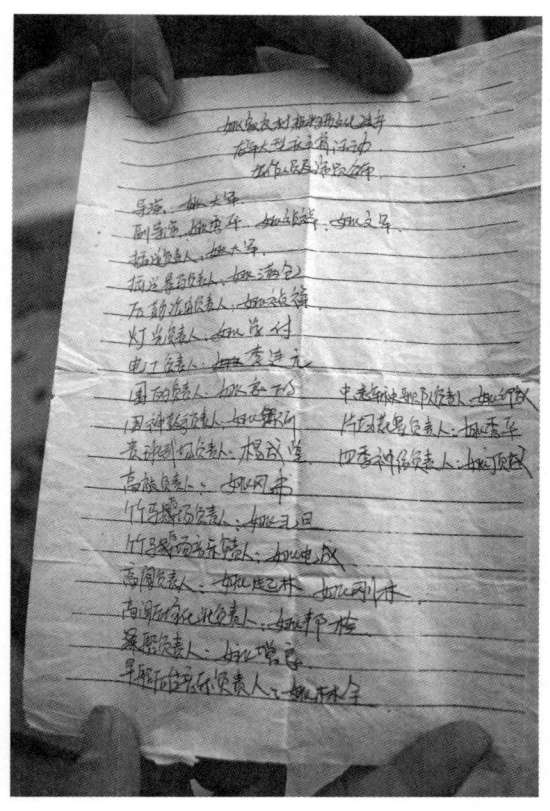

姚家峧村非物质文化遗产龙年大型庆元宵活动工作人员及演员名单

就这样几天下来，姚广海的嗓门也明显的沙哑了。实际上，从某些角度看，在姚家峧做社火社头的确是一件吃力不讨好的事，不但没有什么报酬和村委会的支持，搞不好自己还要身先士卒地为活动垫付许多超额的开销。在这个经济欠发达的乡村，仅此一点，也不能不让我们钦佩姚广海及其伙伴们的勇气了。

虽然眼下筹备的时间被人为地不可抗拒的大大压缩了，但好在姚家峧人依然保存着热心参与社火准备的传统。只要社头找上门来，大多数应邀的村民总有一种义不容辞的光荣。老一代社火领导者逐渐退居到了后勤保障的位置，由于人口绝对数量的减少和新老交替的青黄不接，原本需要青年人为主的跑帷子增添了许多少年人，原本不允许女人参与的划旱船、唱小戏等节目也打破禁忌引进了热心的妇女和女孩。无论人员安排有多紧张，这几年大进驾活动还是在社头决定举办以后，在正月初十之前打起大鼓敲起锣，热热闹闹地准备起来了。

（三）村委会与社火活动

姚家峧人的大进驾活动，村委会明确表态不支持。与其他地方如武安市固义村"捉黄鬼"、白府村"拉死鬼"等社火活动村委会、村干部们鼎力支持的态度不同，姚家峧村村委会采取了几近于任其自生自灭而不管不问的态度。姚家峧的村委会主要有三人构成，村支部书记、会计、助理。按照《姚家村年度村务信息》上的注解，村支部书记主抓村里全面工作，会计负责村里的财务收支，助理负责计划生育全面工作。龙王庙的对面就矗立着村委会日常办公的小楼（它也是全村唯一一栋楼房），用土黄色染料粉刷的二层小楼，上下总共约有三百平方，每层南北隔开七八间办公室或仓库，二楼楼顶竖立着下达日常村里通知喊话用的三只大喇叭。如果不是与龙王庙相对的小楼入口处悬挂着一块"徘徊镇姚家峧村村民委员会"的牌子，这门窗上蒙着一层厚厚灰尘，大部分房间杂务堆积脏乱不堪，外面看起来破破烂烂的楼房真让人难以想象就是村子的权力中心。

对村委会的不满和埋怨之心在大进驾活动的主要领导者们那里溢于言表。72岁的姚姓老人提起村委会似乎气就不打一处来，老人几次不顾富有政治头脑的社头示意制止的眼神，不厌其烦地向我们讲述社火活动举办过程前后跟村委会的恩恩怨怨。在这些老账新账之中，尤其让老人愤愤不平的是2006年秋冬时节在武安市举办民间艺术汇演比赛前后与村委会的纠葛。在老人看来，那年大进驾活动的压轴节目"跑帷子"表演获得了全市第一名的好成绩，所有的演员和出了力的组织者们自然也是皆大欢喜。但不知为何，比赛前约定的奖金及奖品迟迟没有落实到演员们手中，眼看着这么重要的荣誉即将说不清道不明，姚老头气不过，独自到武安市上访讨个说法，但结果还是不了了之。在老人看来，奖品、奖金无疑是落到了村委会一级的手里，让村里给昧下了，这件事也便成了大家的心病。与几位将怨恨挂在脸上的老人不同，社头姚广海的表态则充满了山里人独有的智慧，他说："头几年大队还支持个钱，今年大队不给补钱，大队可能不支持迷信。可咱们没有工钱，（如果）不以迷信来对待，别人还会要工钱。风调雨顺，求龙王爷下点雨给个好收成就够了。"①可惜本届政治立场坚定的村委会始终拒绝对大进驾活动给予正面的评价和支持，村支书或许迫于县里文化局领导的压力帮忙把我们一行调查组安排在村里最为整洁的一户人家（后来才知道这户人家是村支书的亲属）。在接待安顿调查组的整个过程中，村支书仿佛一位神秘的幕后人物一样，用一只看不见的手有条不紊地掌控着我们这些外来者的行踪，但他却又神龙见首不见尾。在姚家村驻扎走访临近结束的时候，某天我们几人刚吃完午饭，正要收拾出门的时候，屋子里突然迈步踱进一位气度颇有些"官样"的中年人，似乎出于对我们耐心驻扎在这个穷乡僻壤多日一副咬定青山不放松劲头的不解，反复盘问了调查组此行的行程，目的和以后可能会产生的影响。询问了半小时后方才离开。过后我们才知道他就是一直拒绝沟通采访的姚家峧村村支部书记。

为什么在社会舆论对待民俗活动的态度逐渐开明的今天，姚家峧村还会出现村落层面的官民对立呢？除去大进驾活动组织者们与村委会成员可能存在的人际关系日常生活龃龉的因素（事实上田野调查表明这一点的影响几乎可以忽略不计），姚家峧村的村政财务数据倒是能提供一些线索。据社头姚广海介绍，近三年来"县里光表示支持但是没感觉到实际的支持。指望庙里香火钱有时一年才收入 500 元元左右。庙里的设备音响等都是这两年想办法刚买的，花费 3000 多元，都是庙的财产，庙里的财产大概有 3.5 万～4 万元。"②我们知道，按照《姚家村年度村务信息》上的说明，全村属于公有或者说村落官方权力管辖的全村固定资产 54184 元，其中包括房屋建筑物 39700 元，机械动力设备 1 万元，公用文体设备 1540 元及其他资产 2944 元。仅仅从姚家峧的村落财务上来看，姚家峧全村实际生产资料的支配权起码在财物价值层面上与龙王庙所独立占有的财富平起平坐，而大进驾活动不断壮大的影响力和日趋旺盛的香火钱，以及逐渐提高的社头声望

---

① 访谈人：李生柱、朱振华，访谈对象：姚广海，访谈时间：2012 年 2 月 3 日，访谈地点：龙王庙。

② 访谈人：李生柱、朱振华，访谈对象：姚广海，访谈时间：2012 年 2 月 3 日，访谈地点：龙王庙。

对村干部们的权威除了挑战和威胁，似乎并没有丝毫值得支持的理由。换言之，或许在宽泛意义上村委会也明白，在不能简单地将社火活动评价为愚昧落后的今天，将其贬低为"迷信"而加以疏远暂时并没有特别的坏处。但毫无疑问，如果村委会改弦更张而加以扶植支持，已经造成对立情绪的成见和局面非但不能有事实上的改变，而且随之而来的人力成本、安全成本、财物成本等可能需要共享共担的压力才是真正让村委会不得不面对的隐患。

三、新旧交互：仪式与表演

姚家岐"大进驾"活动历史悠久，在上百年的传承中，形成了自己独特的演出规律和核心的演出内容。过去的"大进驾"一般人进入腊月便开始筹备，近几年来由于外出打工人员归家时间比较迟，临近年关才能和家人团聚，造成社火的准备工作环节缺乏人手，所以，近几年一般只能从除夕、春节之后的正月初十左右才在社头的敦促下紧张筹备。从正月十二日开始，"大进驾"活动就拉开了帷幕，一直持续到正月十六，为期三至四天，其中尤以正月十三、正月十四、十五日三天最为热闹。在这几天当中，高潮时期的表演活动大致相同，尤其是那些核心的传统表演内容，是要严格按照祖上传下来的规矩完成的，不能随意更改，否则就会被认为是冒犯神灵，对先人不敬。在整个"大进驾"活动中，跑宝马、跑帷子、竹马、贵班、旱船、抬高阁、板上乱叫（戏曲）、踩高跷、扭秧歌等是历史悠久的传统表演节目，小品、歌曲串场、舞蹈队、军乐队表演则是近年为满足青少年人要求而新加的时兴节目。

（一）跑宝马

没有跑宝马，便无法将姚家岐的社火称为"大进驾"。"跑宝马"是绝大多数村民对它的俗称（有的识字村民偶尔也写作"跑保马"），它是大进驾的核心表演活动，也是远近闻名兼具有神秘性内核的仪式化演出。跑宝马的演员严格由六名男人组成，必须分别骑着六匹精心挑选的公马，在社首的牵引下完成祭拜龙王、绕村巡游等仪式和表演。其中走在最前面的头马最为重要，据老人们讲它代表着一条青龙，由青龙在前面开道，冥冥之中"驱除道路上的邪魔妖怪，别惊了銮驾"，然后才依次引出坐在后面马队上的几位神灵。因此，在大进驾活动的这几天，骑着头马的人每天差不多都要在4点多天不亮的时候起床，冒着山风和严寒骑着青龙马从龙王庙出发，独自围着村中的街道跑上三遭，据说这是为了驱除道

驾驭"宝马"的后生

路上的妖魔,为天亮后的大进驾活动扫清道路。

头马(青龙马)必须要选用马队里最为威武的公马,不能使用母马。骑在这匹马上的也应该是"最贞洁"①的后生,除了品德正直,最重要的是没有结过婚,还是童子之身。如果骑手结婚或者订亲了,就必须在下一次大进驾活动时被更换掉。

坐在第二匹马上出场的是"值岁曹官",值岁曹官的坐骑与青龙马有着相似的打扮,头绕辔头,首顶大红花。坐在马背上的演员与戏曲里出场的角色相似,身穿白底团花二龙戏珠四爪龙袍,头戴一顶断翅乌纱帽,面上罩着纸壳制作的脸谱面具,面具装扮简单,只粗略勾画出眉毛、火焰状的金线,略施淡蓝色颜色染底。手上捧着一块长约80厘米,宽约七八厘米的薄木牌,上书"值岁曹官"四字,裤子和鞋子的穿着则相对生活化的多了,非常随意。"值岁曹官"后面依次跟着"值月曹官""值日曹官""值时曹官",曹官们除了服装的颜色纹样有别,整体的着装、扮相都极为相近,也是头戴面具,各骑大马尾随不远。跟在头马和四位曹官后面最后出场的骑手则与前面几位不同,这位演员扮演的是玉皇大帝,俗称"压阵",是马队里最为尊贵显赫的神灵。从神圣谱系的等级系列来说,领头的青龙和四值功曹其实都是为这位大腕的出场引路开道的,这个角色一般都有年长者担任,只有他跟青龙马的骑手不戴面具,演员头戴一顶破旧的矮沿小毡帽,身披金黄色无花素底长袍,背后斜插一面土黄色三角令旗,手上并不再持一物,神色要做威严状,在马上不许嬉笑。

大进驾活动在筹备过程中,挑选马匹是十分重要的事情。"跑宝马"的这六匹马都是经过严格挑选的,只能使用公马,不能用母马。谁家的马匹要是被选中跑宝马,那是莫大的荣耀了。旧时谁家的马匹一旦选中,便由专人来负责饲养,精

---

① 这是在龙王庙里采访时姚凤书老人的原话及解释。

"值月曹官"

"值日曹官"

"值时曹官"

"玉皇大帝"

"跑宝马"

心照料,以保人马相熟,活动过程里不出现意外。如今,随着村里饲养牛马的人家减少,选六匹理想的公马已经非常困难,有时不得以骡子替代。这说明,随着时代的发展,跑宝马仪式的神秘性色彩和严格的禁忌正在逐渐消减,当现实的客观条件不能满足仪式的需求时,民众会在磋商中做出让步和改变,寻找新的替代品或解决方案,这或许也是当下乡民信仰仪式和艺术活动不可避免的命运吧。

跑宝马时,头马在社首的牵引下,从庙门前的山路上飞奔进入庙内,参拜庙内神灵,然后调转马头,出庙门,再跑马,进庙,出庙,如是三次,整个进驾活动才算基本完成,这个核心表演也大致构成了"青龙进驾"的主要标志。旧时跑马活动需要十二面大锣、十二面大鼓助阵,鼓声锣声震天,每跑一次,还要鸣放一次土枪,配合着马嘶声、人喊声、惊呼声、鼓掌声,场面热烈壮观,现在的跑宝马仪式因删繁就简而失色不少,在老人们眼里都不是很满意。

(二)跑帷子

"跑帷子"是姚家峧人的一项传统的社火表演形式,也是"大进驾"活动与跑宝马并驾齐驱的核心演出节目。"跑帷子"这三个字到底该怎么写,村里识文断字的老人们有不同看法,有人认为应该是"跑围子",这是依据它的站位形式像是围城的演变而得名;也有相当数量的村民和新老社头认为是"跑帷子",因为它所使用的道具是用布条做的"帷子";还有人认为是"跑位子",因为它对每个表演者所跑的位置都有严格的要求。在本文中,我们采用"跑帷子"的名称。但无论哪种写法,它与跑宝马、跑竹马、贵班表演等一起成为了大进驾活动标志性的传统表演形式。在外乡人那里,跑帷子的名气有些时候比"大进驾"活动还要响亮的多。前几年,姚家峧村的帷子队曾到武安做过一次文艺汇演,获得巨大成功,这至今仍是村民津津乐道的话题。或许正因'跑帷子"在大进驾中扮演了重要角色,大进驾的组织者——社首,又被俗称为"帷子头"。

龙王庙前直径约十五米的环形空地是姚家峧村难得的一块平坦的广场,村民的日常集会或娱乐活动都在此处举行。龙王庙重修前后选址都择定在此处不是偶然的,小庙的神圣功能到底离不开村民们娱乐的需要,跑帷子的操练与展演都在这片空地上举行。从某种意义上讲,跑帷子就是一种排兵布阵的阵法,共需26名演员,其中最为重要的是两个蓝旗,要由两名身形轻巧、机智灵活的少年担当,他们负责引领其余24名演员跑出不同的阵型。两名蓝旗外的其他24名演员被称为"帷子手",帷子手年龄可大可小,可老可少,只要有力气跑就可参与,但女人是绝对禁止参加表演的。

演员们这几年置办了新服装,一身醒目的暖色。两位蓝旗小演员单独头裹

"跑帷子"

"海燕"

红、蓝两色头巾，两人都身着淡蓝色对襟长袖上衣，背后绣一个大大的"蓝"字，粉红色长裤，左手各持一面三角令字旗，右手各持一朵双翅雉尾绣花球，这两个小演员俗称为"海燕"或"小令"，在紧密的锣鼓声中，由他们俩穿梭带头跑动，完成一系列复杂的阵型变换。24名演员则统一头裹金黄色头巾，金黄色上衣，下身是枣红色长裤，胸前背后绣着一个碗口大的"神"字，演员脸上没有化妆。今年跑帷子道具早已由各家的主妇们重新帮忙制作翻新，24名演员每人手持一杆长约3米的铝制长杆，杆子上扬的一端顶上是一朵颜色各异的素色布料莲花，层层叠叠碗口大的莲花缀在杆顶，莲花下衬着宝塔状的布料绒布底座，底座同样层层叠叠的由各色花布包裹，四周倒悬着五彩布条。远远望去，一杆帷子的形态仿佛是头戴珠翠却又罩着盖头的新娘，帷幔重重，摇曳生姿。

与道具帷子的曼妙形态给我们的美好联想不同，据老人们说，24杆帷子代表着的是24位凶神，有煞气，这也是妇女不能参加的重要原因。旧时跑帷子虽然阵法相似，形制相同，但服饰打扮，道具材质与今天的样子却有很大出入，10年以前，帷子杆柄还是坚持由粗大的竹竿编结而成，上面衬着铃铛铁环，抖动起来虎虎生风，哗啦作响。没有一把好力气，一般无法坚持每次约半个小时，一天两到三次往来穿梭的跑动表演。

跑帷子由姚良地老人（67岁）负责，他口含哨子站在旁边指挥。在场地一侧是两面大鼓，鼓声一响，姚良地哨子一吹，帷子手们开始从左向右跑步前进，自

绕村巡游时的帷子队员

动围成一个圆圈,两个蓝旗则在圈内从右向左跑动。所有人的步调要和鼓声一致,鼓声越紧密,行进的速度就越快。当哨声再次响起,两个蓝旗会迅速做出反应,各率领一队帷子手来回穿梭,最后当整个队伍停止下来后,一个阵型便跑成了。当哨声再次响起,帷子手又自动跑成一个圆圈,两个蓝旗归位,继续跑下一个阵型。如此反复,众人乐此不疲。现在帷子队最常跑的阵法便是诸如"天、下、太、平"之类的字形,也就说当队伍停止下来时,从高处看,会发现这个队伍会拼成上述文字的大致图形。阵法的繁复变换是跑帷子的主要看点,道具"帷子"本身在整个表演当中只是相对静止的随帷子手的跑动游走,本身并无上下翻飞的花哨变化。跑帷子时,单线行进的路线俗称为"单海燕",双线交叉的跑动路线则称之为"双海燕"。姚家峧最为复杂的跑帷子表演的阵法叫"安城",现已经几近失传,掌握这一布阵方略的姚良地老人抱怨说:"排练时间太短,感兴趣的年轻后生太少是跑帷子不能完整传下去的主要原因。"[1]现在的演员只能勉强跑出"天下太平、一心叩干、千山万水、乙心丰上"这几个简洁又经典的传统阵形了。

---

① 访谈人:朱振华,访谈对象:姚良地,访谈时间:2012年2月4日,访谈地点:龙王庙前空地。

（三）贵班

"贵班"是大进驾社火活动过程中武术表演的统称。老社头姚可友介绍说，"贵班"的叫法有这么几个意思，一是自古以来，"练把势的"大多有着与常人有别的天赋，在姚家岐村也不多见，身份自然尊贵。二是练武之人从来都是行侠仗义，崇尚武德，路见不平拔刀相助更是应有之义，但是身怀武功却不能耀武扬威飞扬跋扈，而应该"练武修德，以和为贵"，所以比起大进驾里其他传统节目来，将表演武术的班底单独尊称为"贵班"。

贵班表演在1949年以后随着几位老人们的离世就逐渐衰落了。姚可友老人说，一直到1949年后，当时正值盛年的本村贵班演员，如姚姓、杨氏兄弟不但各有门徒，而且个个本事了得，大进驾上表演的时候，不仅能打出形意拳、查拳、八极拳等许多拳法套路，兵刃功夫也是让人看得眼花缭乱。某年花枪表演的细节，老人印象极为深刻——当年演员表演对花枪，就在两人一攻一守，两杆花枪上下翻飞密不透风之际，演员又蓦地将手中花枪尽力往空中一扔，就在观众一片惊呼几欲夺路而逃之际，两名演员却不慌不忙眼也不眨地忽然又伸手将花枪攥在手心，这种具有刺激性和观赏性的功夫表演往往成为全场演出中最令人目眩神驰的焦点。

"贵班"表演

今年的贵班表演主要由杨成堂、杨成明兄弟俩担任。他们俩的武术是家传，杨家祖上向来习武，父亲杨守东在世的时候是贵班表演有名的把式。据杨成堂回忆，父亲自小跟随祖父习武，祖父的武功是从往山西逃荒的老人们那里学来的，到了他父亲这一代，因为热心武术，四处拜师求教，加上祖父传授的武术根底，终于在形意拳、查拳和八极拳这三种拳法上达到了很高水平。遗憾的是，杨成堂兄弟两人并不喜欢习武，父亲又坚持传男不传女，更恪守人不外传的祖训，所以兄弟俩谦称眼下只勉强会点皮毛，防身健体罢了，已经远不能达到父祖曾经企及的高度。

老爷子杨守东在1998年去世，从那以后，但凡有大进驾活动，杨成堂兄弟俩就披挂上阵，延续贵班的武术表演传统。这几年，拳术和器械仍然是表演的两大类。器械为双人对花枪、大刀对花枪、棍术表演，拳术则是形意拳套路表演。杨成堂自责兄弟俩的功夫比起祖上来已经相差千里，当年父亲演出时的场面远比兄弟俩表演时的气氛热烈。尽管如此，兄弟俩眼下既没有精力和能力教出几个徒弟，更没有人真正想拜师门下，学一点贵班表演的技艺，贵班表演的绝活怕是很快也就败落了。

（四）跑竹马

姚家峧的儿童把"竹马"作为自娱自乐的日常游戏，将竹竿或长短粗细截然不同的两截木棒捆扎在一起形成一个"T"字形，模仿骑马奔驰的动作，戏耍逗玩，大街小巷之中三三两两的至今还能碰到。不过大进驾活动中的跑竹马可不是这种简单的玩具。据主持跑竹马活动的姚毛巨（男，55岁）介绍，姚家峧村的跑竹马至少也有上百年的历史，相传是在明万历年间由一沧州来的逃荒艺人传入。从老人记事起，他便跟着村里的长辈跑竹马，今天的竹马道具破败不堪，显然也已经有些年头了。姚家峧村的竹马用竹片编制而成，没有腿，中间部位是空的，腹背相通，马身上涂有画面的纸或布，用麻线做马尾马鬃。演员站在竹马中间，一般左手勒马缰（摆动马），右手挥马鞭，扮成骑马跑动状，按一定的阵法游走，进行各种表演。竹马表演技巧主要在跑动时的步伐与路线，拐弯时通常加一小垫步，主要队形变换有乱劈柴、双进门、站角、穿针、挖月、抄十字花等。竹马表演受舞台戏剧的影响较大，表演内容常为传统戏曲中的一个经典场面，完整的竹马演出重在表达一个具有复杂情节性的故事，不但杂以部分唱段与道白，而且饰演剧中的男女角色，或英武气派，或婀娜多姿，间有眉目传情，形象鲜活。同时，还要将小戏、舞蹈、杂耍集于一体，不乏妙趣。

今天姚家峧村在大进驾活动期间演出的跑竹马内容已严重简化，可谓形存实亡了。传统的姚家岹村跑竹马常扮演的戏有《雷振海征北》《李元龙征南》（一说《李彦荣征南》）、《姚刚征南》《破孟州》等。其中，以宋朝故事《李元龙征南》最常表演，它讲述的是宋朝时期，大将李元龙跋山涉水征讨南蛮王，路上偶遇兵荒马乱之中落难的大皇姑、二皇姑，南蛮王又在后面追杀不放，此后幸得麾下猛将杨羽飞拼死保驾突围，最终战胜南蛮王得胜而归的故事。这出竹马戏完整的演出过程包括：出马、对白、跑马、对白加演唱、跑马，舞蹈化程式与表演时间的长短并无固定而严格的要求。演员加马匹一共由五人组成，三男两女，五名演员的扮相或端庄或刚猛或温和或儒雅，按照服饰道具和脸谱分别饰演正旦（大皇姑）、小旦（二皇姑）、武生（杨羽飞）、武生（李元龙）、花脸（南蛮王），竹马则染成青、黄、赤、白、黑五色。例如红脸演员身穿戏曲服装大靠，背后又插四面护背旗，这个演员扮相勇猛威武，饰演的角色名讳是杨羽飞。依次类推，演员新置办的戏服都以京剧武生硬靠为主，手中皆只有马鞭，并无兵刃。在老人们的记忆里，《李元龙征南》这出戏由大皇姑、二皇姑先登场，然后绕圈、勒马，驻马，二人一番道白对唱，文武场配合奏出马嘶人泣的悲声，然后南蛮王、杨羽飞、李元龙依次登场，展开对白与演唱，骑着竹马以歌舞演故事，演出全场至少需要大半个小时。然而，今天演员们只能骑着竹马绕场跑圈，既没有唱词也缺乏舞蹈，挥鞭策马，草草了事。《李元龙征南》一直没有一个固定的书面文本，这出戏向来是村上能人口耳相传不立文字，十几年前几位老人还能完整地演唱台词唱段，现

竹马队员

龙王庙前跑竹马

在不仅五名年轻演员"张不开口了",而且心口相传的唱段也没有人能记个大概。至于姚毛旦老人所说的姚家岭村另一出跑竹马的代表剧目《破孟州》,现在除了保留一个名字,连剧情也没有多少人能够解说或复述了。姚家岭村跑竹马活动的败落已是不争的事实。

(五)灯阵

用灯盏布设成迷宫般的阵势,在大进驾活动期间供村民夜晚游走穿行,并且由村里耆老根据灯苗火势的兴旺来预测来年风调雨顺和庄稼兴旺与否,这项活动是姚家岭社火仪式的传统内容。姚家岭村内的大片空地很少,90年代初以前,龙王庙前就有远超过今天的一大片空地和民房,既没有现在的小学校舍也没有村委会小楼,占地500平方米左右的灯阵一般就布设在此处。后来小学校舍和村委会小楼盖成,这些年灯阵就只好布设在西北方紧挨村落的空地上了,那里距离"请玉皇"的地点不远。

在灯阵里的游走穿行活动被姚家岭人俗称为"转灯",它只在举办大进驾活动期间的正月十四和正月十五晚上举行。灯阵用365根木杆扎成蜿蜿蜒蜒的屏障,19列19排木桩,组成一个矩形状内含迷宫的方阵。整个阵势只留一个进口、一个出口,木杆组成的阵中小路宽约3尺,从进口到出口游一次的行程约2里地。

木杆均为一米半高,按规定的距离和路线均匀的栽劳在地下,由麻线绳子在灯杆中间连接。旧时每个灯杆上面置放一盏小油灯,油灯数目与木杆相等,一样是365盏(闰年另加30盏)。20世纪中叶"破四旧"时小油灯被偷偷埋藏在村中某处地方,后来再没找到,现在只好每根灯杆上用一只小蜡烛代替。365盏灯,一盏灯一天,象征着一年365天。据村中老人介绍,转灯的阵型是沿习诸葛亮当年

白天的灯阵

夜晚的灯阵

所摆的阵法，共有 8 种，每年都是用不同的方阵。最东边一排的木桩外围是树枝扎成的灯阵营门，营门宽约 1 米半，高约 3 米，门框由 3 根粗长的木棍搭建而成，两根插在地上，一根横捆在它们的上方。两边的门框上贴有对联："灯光明亮千灾灭，灯光交辉照帝京"。门的上部绑有两捆松枝，插着两面红旗，挂着两个鲜红的大灯笼。门被木桩分为两个部分，左边是入口，右边是出口。整个灯阵的装扮在夜色里被凸显得尤为神秘漂亮。

据说，只有大进驾活动期间才能布设灯阵，而且全村老少齐来"转灯"。旧时，转灯活动不仅有祛病灾、祭龙王、保平安等效用，正月十四、正月十五两晚上灯阵火苗哪天比较旺盛的迹象也是村民们开春选择播种时机的重要参考。

（六）板上乱叫

河北省的戏曲、曲艺历史悠久，剧种和曲种种类繁多，演出剧目丰富多彩，从艺习俗也独具特色。据学者们统计，河北省的地方戏和其他曲艺形式有名的约略有 39 种，河北梆子、河北乱弹、保定老调、唐山皮影、冀南皮影等戏剧或曲艺形式蜚声内外，名声显赫。仅武安市一地，也有以武安冠名的"武安落子""武安平调"等国家级、省级非物质文化遗产。隶属于武安市徘徊镇的姚家峧村村民将本村演唱的戏曲称之为"板上乱叫"，这种称呼并不见之于报端或典籍。它可以

板上乱叫

有两种含混的解释,一来是得之于唱腔的芜杂,二来是演唱小戏类型的繁多。根据民国二十四年(1935年)至民国二十六年续《武安春秋志》卷九记载:"武俗好戏,酬神演唱无日无之,甚至有一日数台者,农民喜平调(本地土戏),绅商以皮簧梆子为宜,村夫、愚妇最迷落子腔,惟其戏有伤风化,历来禁演"。由此看来,这种"农民喜平调,绅商以皮簧梆子为宜"的土俗传统由来已久,姚家峧村的"板上乱叫"就并不隶属于武安市或附近区域的任意一种成熟的戏曲程式。

  参与"板上乱叫"的演员都是姚家峧的本村村民,演唱的剧目一小部分是从武安的专业剧团那里观摩学习而来,更多则是从上辈人那里传承下来的,他们在大进驾等娱乐活动中不断演出,积累经验,久而久之,形成自己的套路。从我们搜集到的演唱剧目或选段来看,"板上乱叫"是名副其实的"鱼龙混杂"。《探寒窑》是淮剧的经典剧目,《吕蒙正取斋》是武安落子的代表作品,《彩楼飘彩》则是秦腔作品的著名选段,其他如《董家岭》《天河配》《三上轿》《桃花庵》《朱彦荣吊孝》《司马懿观山》《敬德背鞭》《扫洪州》《反冀州》《审马荣》《三进帐》《铡陈世美》《刘相府送米面》等又与武安平调、武安落子、甚至河南梆子、京剧等等有着千丝万缕的联系。

  姚家峧的"板上乱叫"有个特点,就是无论谁站在前台演唱都没有化妆扮

寒夜里认真的观众

相,但没有一位给人以萎靡不振的感觉。恰恰相反,伴随着唢呐和板胡穿云裂石的乐声,从未受过专业指导或训练的演员仍然唱出了高亢激越、粗犷豪放的"板上乱叫",这些唱腔稚拙之中不失古朴醇正的乡风,彪悍昂扬的风格特征又给人以厚重宽厚的印象。传统的"板上乱叫"没有固定的舞蹈或武术程式,解放以前只允许男人们参与,1949年以后则男女不限。演员们也不化妆,所有道白唱词都以武安当地方言构成,有口语化说唱的特点,有时为了在唱白叙事中抒情,演员会加上率意为之的几个个性化、生活化的动作,边唱边做,载歌载舞,活泼自足,经常能够配合以十分乡土化、日常化的唱词、动作而博得围观群众的掌声欢笑。众多形式率真,唱腔风格相近而表演程式并不统一的俚曲是如此可亲而又难以让人归类,或许这些才是"板上乱叫"的真帝所在。

(七)抬阁

抬阁,又称高阁,是一项颇具危险性,又在险中求美求奇的乡民艺术活动。姚家峧人的高阁由两根粗长的木杆做底,扎制成一个简陋的四方形平台,以平台为根基用钢筋搭建成高达数米的铁质支架,支架呈树枝状分布,同时平台和架子都严遮彩布,以掩起粗糙的本来面目。演出时,架子上缚四个身着彩服持固定姿

高阁的道具

高阁穿过胡同

抬阁巡游的队伍

势的小孩，上下左右各一个。这些小演员只有头与双臂可自由活动，变换姿态，而腰腿则固定在架子上并为彩布所遮挡。高阁表演往往通过演员服饰、造型和程式化动作表现一个故事，比如白蛇传、梁祝等。每天的故事类型都不一样。高阁移动时由几人或十几人抬动而行，后面还要有人举着几米长的木叉子叉住小演员的腋下部，以免其跌落或挤压受伤。大进驾活动期间，走在陡峭的山村小路上，看着高入云端的小演员挥动手足，头顶偶尔擦过树梢或电线，不禁让人心惊胆战。现在，姚家峧村共有两台高阁，大进驾期间，每天都要抬阁跟着演出队伍绕村巡游。

（八）高跷

踩高跷具有广泛的群众欣赏基础又充满趣味性，看起来颇具有技术性但学起来并不困难，或许因此在姚家峧村才一直盛行。村里踩高跷者多为女童，有专门的师傅教导，甚至本村的小学老师也常充当"艺术指导"。表演时，由吹奏班伴奏，一般为二胡、板胡或锣鼓，演员多走圆场或串"8"字，且伴有流行语言的唱词，有一人负责主唱，其他人附和，走走唱唱，十分有趣。不过踩高跷的表演习惯虽然是沿袭旧制，但流行唱词的表演内容与服装等已经与旧时大大不同。

龙王庙前踩高跷

（九）赛花船

赛花船是大进驾活动的保留节目。从姚家岭村目前的演出状况来看，曾经的赛花船活动应该是有情节的剧目。目前共有 3 艘花船参与表演。单衣薄裳、头戴破毡帽、手摇芭扇、高翘八字胡、扮相滑稽可笑的小演员饰演"船老大"，穿梭在三艘船的前面，每艘船驾船的演员分别是 1 名穿戏服带髯口的老生、1 名白面武生还有 1 名端庄的旦角，船头各飘扬着"帅"字、"将"字和凤凰图形杏黄色角旗，3 位坐船的演员演出时要姿态端庄，不苟言笑。

姚家岭的花船骨架是用拇指粗的竹竿扎成，骨架上点缀着五彩缤纷的纸花，船两侧画有黄龙的图案，船头画有虎像。花船四角还插有四面绿色

花船演员上场前的准备

的三角小旗，小旗旁边各扎一花束。船尾两角扎有红色或绿色的布料莲花，还竖有一根三米左右的长杆，交错绑有两道横着的短杆。长杆顶端有一镶金边、四周绘有蝴蝶图案的斗，斗四角再各插一面粉红色小旗，下缀绿色穗子，穗子下是一条金龙。在杆子上绑有醒目的金黄色并饰以红边的将旗，上侧短杆与船后部中间都挂有一面饰有公鸡、金鱼等图案的大红色布，上下侧短杆各饰有六朵红、绿、紫、黄、蓝等各色布料花。在长杆前面还竖有一道长杆，杆头系一只红色风车，风车周围挂着成串的五颜六色纸扎的花朵。

三条船装扮大致相同，不同的是帅船两侧饰有红色的龙图案，四角各插一面红色三角旗，斗下穗子为黄色，另插有帅旗；帅者身着红色龙纹官袍，头戴龙冠，旁有艄公也就是"船老大"相伴。花旦船两侧饰有鹤图，四角各插一面红色三角旗，斗下穗子为粉红色，斗四周旗子为红色，穗子下面是一条金色的凤凰，另插有凤旗；花旦凤冠霞帔，身着红色饰有鹤龙图案的服装，白面无髯。另一艘将军乘坐的花船演员则身着黑色龙饰官服，白面黑髯，旁边有丑角相伴。

据老人们讲，旧时花船表演时船老大手持船桨，摇着哗哗作响的破扇子，手舞足蹈，专门伺机插科打诨，取笑逗乐，还有与场外观众即兴问答，一唱一和。现在这些技能，年轻的村民都不能掌握，只能胡乱说几句开场白，然后全场绕走跑场罢了。现在主要的跑法有圆场、串"8"字、二龙出水等，演员手势也只有拨衫子、理袖、整鬓、拔锚起舟、划船拉纤等几个简单动作。

三条花船

船老大

（十）新兴的节目

近几年，"大进驾"活动除了保持原有的传统节目外，又新增了一些具有现代时尚感的歌舞表演，此举乃是为了增加节日气氛满足青少年观众的需要。"跑宝马之类的是老传统，后来总觉得这个节目不是很热闹，便加了一些其他的小节目。"① 新增加的节目有小品、歌曲、扭秧歌、舞蹈队、军乐队等，这些节目表演比较随意，内容较为活泼，一般的村民即可扮演，极大地调动了全民参与的积极性。例如小品表演，演员由村里日常就以滑稽幽默出名的村民姚爱国带着几个青年参与，往往姚爱国从胡同里带着破毡帽一出场还没开口就引来大家的哄笑，小品的情节和语言并不严格，

带妆的小演员

---

① 访谈人：李生柱、朱振华，访谈对象：姚广海，访谈时间：2012年2月4日，访谈地点：龙王庙前空地。

曲艺能人姚爱国

滑稽戏

参加演出的孩子们

很多段落和台词都是即兴拿公公和小媳妇，或者不孝顺的儿媳虐待公婆的噱头开涮，颇具有俚俗的乡土气息和意识流般的随性率意。舞蹈队（主要是扭秧歌）则是由本村上学的女童担纲，小学音乐老师负责舞蹈编导，大部分舞蹈动作收腹叉腰比较简单，唱词也都是反复重复几句新年快乐欢度新年之类的吉祥话。军乐队则是由本村十四五位20岁上下的女性青年担任。她们穿着已略显陈旧的深红色洋乐队服装，所有队员一律敲打铁皮鼓演奏。军乐队另一个重要作用是为这些新兴的节目配乐助阵，壮大声势。

大进驾期间无论是传统的还是新兴的节目，它们无不带有强烈的艺术性特征，这或许说明了信仰和艺术本来就具有难解难分的密切关系。宗教信仰常常借助艺术表演以增强其感召力，艺术则常以宗教信仰为旗号，增加自己在现实社会中存在的合理性与权威性。姚家峧的大进驾仪式活动，一方面是打着神圣的旗号，获得其权威性；另一方面又借助艺术的魅力，增加其吸引力，而现实生活的需求（精神的和物质的）则是它不断传承的源动力，并使其获得了在乡土社会长期存在的合理性和合法性，最终在酬神还愿的同时又娱乐了大众。

四、乐而不淫：壬辰龙年大进驾

龙王庙门前的一块空地是村民日常开会、聚会、娱乐的场地，也是"大进驾"主要的表演场地。壬辰龙年（2012年）正月十三日下午，龙王庙已经装饰一新，门前挂着两个红色的大灯笼，门旁竖着一杆黄色的三角旗，旗上绘着一条张牙舞爪脚踏祥云的青龙。门口贴上了红红的对联："十龙治水、五谷丰登"。庙内贴满各路神灵的牌位，牌位前面摆放有各种供品。庙宇外面，一串串的彩灯从庙门一直挂到庙前空地边的大树上，树与树之间挂满了大红灯笼。一面大鼓摆在场地的东南角，几个年轻人在卖力地敲着，跑帷子的队伍在空地上一遍遍地操演着，引来许多村民在旁边围观。其中，多为叼着烟袋烟卷袖着手的老人和抱着孩子的妇女及儿童，还有远道而来的小报记者和摄影爱好者们边参观边拍照……所有这些都在为第二天的仪式、表演预热。

（一）前奏：正月十三"请玉皇"

等正月十三日下午6点左右，夜幕已经笼罩了天空，人们吃过晚饭后就陆陆续续来到了龙王庙前。彩灯已经点亮，两面大鼓同时敲了起来，鼓声震天，帷子手们在五彩的灯光下开始了跑动。无事的村民在周围袖手旁观，老年人叼着香烟，中青年妇女嗑着瓜子，孩子们则在人群中来回穿梭，嬉戏打闹。临近9时，鼓声停了下来，跑宝马的头马来到庙前，跑帷子的也列成一队，跟在头马的后面。几个德高望重的老人和社首一起，在庙里祭拜一番，然后带着供品走出庙门，到了"请玉皇"的时候了。"请玉皇"是大进驾活动的序幕，因为姚家峧村没有玉皇庙，所以举行大进驾仪式前要到村子的正西偏北方向请回众神之首玉皇大帝，供奉在庙中。

9点半左右，只见社头牵着青龙宝马走在前面，唢呐、锣鼓紧随其后，吹吹打打，很是热闹。几个老人带着供品走在队伍中间，后面是年轻后生举着24杆帷子跟随，再往后是想跟着前去祭拜的若干村民。众人从庙前下坡，穿过关帝庙下面的拱门，向村西南方向走去。通往目的地的路程包括村内的道路有三里地左右，出村约行至500米处，唢呐、锣鼓停止演奏，黑漆漆的山道和蜿蜒几百米的队伍一下子就忽然静默下来，骑头马的人下马，众人不敢再高声说话，到了请玉皇的地方了。这个地方位于村子的西北角，离正月十四夜晚举行转灯仪式的灯阵很近，只是几块山石凸起的山道拐弯处，请神的所在并没有什么人为的建筑。几位老人和社头一起，摆好供品和写有玉皇大帝名讳的三角形尖顶黄纸牌位，牌位上书"昊天金阙玉皇上帝尊神之位"，社头点上蜡烛，燃起一炷香，然后众人全都跪在地上，恭请玉皇大地的銮驾。等到社头手上第一戳香灰掉落，表示玉皇大帝已经降临，众人此时方能起身。请完玉皇，众人一路仍旧吹吹打打回到龙王庙中，把玉皇牌位供奉在正殿最中间的供桌上，这才意味着把玉皇大帝等主神亲迎到神坛了，以后一切要进行的仪式和表演由此才具备了神圣的元首和等级森严的法度，大进驾仪式可以开始了！摆好牌位，众人烧香祭拜一番，当天的所有仪式到此宣告结束。

（二）高潮：正月十四的仪式表演

正月十四日承前启后，是姚家岭村大进驾活动气氛隆重的一天。壬辰龙年的跑宝马仪式的头马由姚申根驾驭，他今年22岁，精神俊朗，为宝马负责人姚双林（男，62岁）的侄子。在表演过程中，姚申根从来不戴面具，面色冷峻，身着青色长衫，头戴皂色宽沿旧式毡帽，后领口斜插红黄两色三角令字旗，沉着冷静，英俊潇洒，成为整个大进驾活动最出镜的人。在天不亮的时候，姚申根就要骑着他的青龙宝马在村子的主要街道跑上三遭，以驱除妖魔鬼怪，为天亮后的大进驾活动开道。几声鸡鸣打破了山村的宁静，天刚微亮，姚家岭人便起床做饭了，尤其是家中有演员的，更要早起，因为吃完饭还要去化妆，这

跨马巡街的姚申根

可是一件费时的精细活儿。没过多久，龙王庙前的四个高高耸立的大喇叭响了起来："跑帷子哩，跑帷子哩，你抓紧起来做饭了啊，吃完饭抓紧来啦！"这是社头在招呼演员及早起床吃饭。做饭的炊烟缓缓升起，提前来到龙王庙的青年演员搬出了两面大鼓，使劲擂得山响，鼓声响彻整个山峪，静静的小山村顿时躁动了

起来，阵阵鼓声既是宣示也是催促，这是大进驾承前启后的一天，老少爷们儿谁也不敢怠慢。

1. 跑帷子

上午约 8 时许，当社首在大喇叭上再次召集大家的时候，村民也基本上吃完了早饭，三三两两往龙王庙前汇集，全体村民几乎倾巢出动，从四五岁的孩子到上了年纪的老人，都有自己的演出、旁观的角色和任务。今天有演出任务的演员们则穿好行头，带上道具，统一到龙王庙后街的一间屋子里等待化妆。社首们在庙前指挥着，按社火活动规制和流程，大进驾的仪式表演拉开了序幕。

头先进行的是"跑帷子"表演，在锣鼓的助威声中，两个蓝旗男童手握彩旗和花幡，各自引领 12 个由青壮年男性组成的"凶神"，壬辰龙年的蓝旗由姚江龙

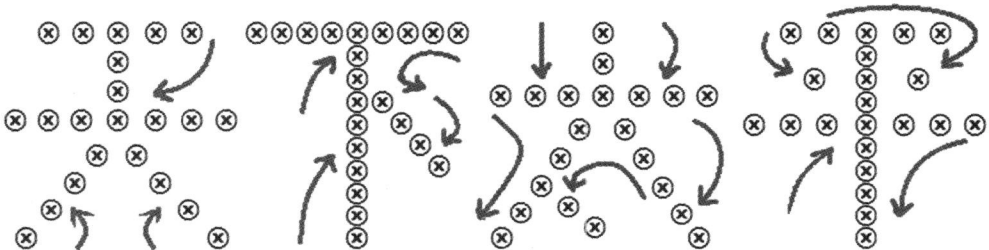

跑帷子基本陈型变化示意图

姚金杰与姚江龙

和姚金杰二人担任，前者13岁，上小学五年级，担任蓝旗已经3年了；后者12岁，上小学五年级，担任蓝旗1年。两个蓝旗手满场穿梭，十分机灵。其他24名青壮年演员身着这几年庙里新置办的黄衣红裤，手持由铁管、布条、纸花扎成的"帷子"，状如小型伞盖，随着节奏明快的锣鼓点儿，不断变换队形，或"8"字，或圆形，或急或徐，跑出"五谷丰登，天下太平"等字形。这种标志性的表演依靠独特的阵型变化和排山倒海般的演员群体配合招引得观众鼓掌喝彩，同时也把大进驾的仪式氛围带动了起来。美中不足的是，连续三天跑帷子的阵型和变化都趋于一致，较为复杂的"安城"等阵法现在的青年人又掌握不了，所以许多老人看到最后又难免失望地摇头。

2. 闯道子

在跑帷子表演期间，花船、高跷、秧歌、军乐队等节目的演员带着道具陆续赶来。刚过上午10点，头马便缓缓地随着专人的引领来到龙王庙门前，马上的姚申根精神爽朗，另外五匹身材硕大的宝马在头马的引导下一字长蛇摆开，大进驾中最神秘的内容——跑宝马开始了。社首手势一摆，其他节目豁然便停止表演，鼓声阵阵，所有演员在庙门前的大路两旁一字排开，中间留出一条通道，俗称"摆道子"，这是跑宝马的主要舞台。列队的顺序从庙门开始依次为：帷子队、旱船队、花船队、唢呐队、竹马队、高跷队、秧歌队、洋鼓队、大鼓队、帷子队、

闯道子

四杆令旗（两红两黄）。观众们挤在演员的后面，有的甚至爬上了路两旁的民居房顶和村委会小楼顶，所有人都屏住呼吸，期待这神圣的一刻。

首先，姚申根骑的青龙宝马缓缓从庙门口走向通道的另一端，在一条大汉的牵引下，宝马开始调头朝向庙门，头马抬掌扬蹄蓄势待发，等四值功曹和玉皇大帝所在的坐骑也都摆好了队形，端正了坐姿，青龙宝马上的骑手便甩开马鞭，挥

鞭疾驰，在两旁人群的欢呼声和惊叹声中，穿过百余米的驰道，迅速通过狭窄的庙门，冲进龙王庙。在离正殿供桌约两米的地方，青龙马往往自觉停下脚步，即使旗手不勒住缰绳马儿也不再前行一步。据老人们说，这个过程叫"闯道子"，青龙马通灵性，知道该在那里停下，否则就会冒犯神灵。姚申根在马上脱帽鞠躬向神灵敬拜，然后，调转马头，出庙门，走到通道另一端，进行第二次跑马。如此动作，要重复三次，方算完成。之后，青龙宝马带领其他五匹来到庙前，社首牵引青龙宝马跨进庙门，四值功曹和玉皇大帝的宝马则在庙门口等候，他们不参与进庙出庙拜祭龙王的环节。略过一小会儿，青龙马走出庙门，其他表演的队伍按照列队的顺序从庙门开始依次跟上，五匹宝马在最后尾随，这个环节完成后接下来就要开始绕村巡游了。

3. 绕村巡游

绕村巡游是大进驾的高潮部分，也最能调动整个山村的热情。过去的大进驾活动，要在村西打麦场搭建一个神棚，进驾游行的队伍抬着供桌，从龙王庙出发，浩浩荡荡，向神棚进发。沿路的人家都会摆出供桌，放在各自的门口迎接。最后到达神棚后，在神棚前的空地上进行各种表演。现在的绕村巡游已不再抬供桌了，也没搭建的神棚了，所以巡游从龙王庙出发，绕村一周后再回到龙王庙，在庙前空地进行各种文艺表演。

在游行的队伍出发的时候，年迈的老社头姚可友挎着竹篮走在队伍的最前头，竹篮里是满满一筐鞭炮"二踢脚"、雷子或一串红，旁边的随行人员不时取出一枚二踢脚放在细长的铁丝扣上燃放，于是队伍的前导便不时有几声清道的炸雷声，行至重要的路口或庙宇前时还要燃放一挂长鞭炮。其间鞭炮声、锣鼓声、唢呐声、洋鼓声，震耳欲聋，缠杂在队伍前后，游行队伍便在这

绕村巡游

鼓乐交响曲中浩浩荡荡地向前走去。姚丰根骑着青龙宝马，引领演员大部队缓慢前行。路面上还有积雪，马行走起来会不时地打滑，所以前面有人专门给他扶马牵马以防万一。头马过去之后紧跟着两位手拿红色神棍的老者，神棍也是用来开道的，老者身边是两个举着两杆黄色令旗的青年后生。敲大鼓和小锣的人跟在他们后面，大鼓很重，专门有一人用车拉着它走，一人在后面敲打，各引领着后面的12个帷子手前行。帷子队伍的最前面是两个蓝箕，后面则依次为洋鼓手、高跷队、贵班、腰鼓队、唢呐队、竹马队、花船队、12杆帷子。在这巡游的过程中，24杆帷子被分成了两个队伍，每个队伍12杆，分居队伍的前后两端，每行至一处庙宇前，帷子手就要把手中的帷子往上抖三抖，抖动代表磕头，以示对神灵的敬意。五匹宝马行走在队伍的最后面，它们的顺序依次为："值岁曹官""值月曹官""值日曹官""值时曹官""玉皇大帝"。队伍的最后面就是跟着巡游的老少村民了。

　　游行的队伍从龙王庙门前出发，沿着道路向西北行进，下个山坡折向东走，东西路是村子的前街，也是村子通往外界的唯一一条道路。在前街向东行至小学旁，再拐弯上坡向北走，前行200米就到了龙王庙左下方的山坡了，这条道路直穿龙王庙西边的关帝庙及山寨门，但队伍是不能从石头寨门内穿过，而是要从拱门旁边绕过去，此举是怕惊扰了关帝庙里的神灵，以及表示对关老爷的特别尊重。绕过拱形寨门，有两台高阁和演职人员停在路边等候，他们要在这里汇合加入游行的队伍。据村民介绍，高阁之所以等在此处而不是从一开始便同队伍一起游街，主要是因为前半程坡高路险，不宜高阁表演。第一台高阁加在了前面12杆帷子队的后面，第二台高阁加在后面12杆帷子队的前面。巡游部队继续前行，走到村子后街右拐向西，没走多远便到了前堂圣母庙。此时，整个队伍停下来，高跷、贵班、竹马、花船等开始表演，整个表演约持续半个小时。表演结束后，队伍继续西行，走到一个三岔路口，拐弯折向东北方向，这里又是一个上坡路，沿着这条道路前行，往南一拐就回到了龙王庙，中间经过后堂庙。整个巡游过程进行得十分缓慢，走走停停，主要是照顾两台高阁的表演，在树枝和电线交织的空中表演高阁，实属不易。

　　游街队伍到达龙王庙后，再次按照原来的顺序排列开，摆好道子。头马在社首的牵引下再次跑马三次，向神灵敬拜。约12点钟，上午的仪式表演结束，人们散去，回家吃饭，等待下午的文艺汇演。

4. 文艺演出

下午两点钟，在大喇叭的吆喝下，村民踩着鼓声陆续来到庙前，等待整个下午的演出。约两点半，帷子队开始表演，24杆帷子迎风飘摆，为演出暖场。2点56分，竹马上场了。笙、唢呐、二胡等乐器忽然变奏拟声为马匹的嘶鸣，此时5位演员并不再分明确的先后顺序，鱼贯入场，入场勒马、驻马，扬鞭斜指，停顿片刻，便在鼓点声中开始游走。"上场多跑圈，俩圈在中间"是跑竹马的基本要领和口诀之一。以往跑竹马，绕圈只是进入剧情后的表演程式动作，因为唱词、道白以及其他表演程式的失传，现在按照"8"字形跑马绕圈就无奈地成为跑竹马的基本程式了。旧时跑竹马由于剧情的缘故，至少需要表演半个小时，现在因为剧情的单调和表演程式的枯燥，表演时间大大缩减，不到10分钟便草草下场了。竹马演出过程中还伴随着赛花船演出，姚家峧至今仍然只有三艘花船，分别为将船、帅船和花旦船。船客由大人装扮，艄公则由小孩扮演。今年轮流扮演艄公的三人分别为：姚凯（男，12岁）、姚忠杰（男，11岁）、姚智洋（女，15岁）。

3点05分，在洋鼓的伴奏声中，几名十一二岁的少女身着鲜亮的服饰，手拿彩扇，脚踩高跷出场了。其中，一人身穿绿色长褂、长裙，一人穿浅红色长褂、红色长裙，两人穿红色长褂、长裙，两人穿粉红色长褂、长裙。她们时而在场上走"8"字，时而并列成两排，走走停停，停停唱唱，一人领唱，众人附和。今年领唱的小演员名叫李佳佳，11岁，上小学六年级，她用略显稚嫩的嗓音演唱古代思夫的词儿，让人忍俊不禁。今年的大进驾表演高跷的演员有6人，最小的10岁，最大的13岁，均为女孩。她们所踩得高跷不高，约1.5~2尺。

3点20分，高跷过后出场的是9个女童扭秧歌。她们最大的11岁，最小的只有6岁，一个个描眉抹唇，

艄公

都是化过妆的。尽管年纪不大，扭起秧歌来却有板有眼，踩着锣鼓声，前进两步，后退一步，手掐着腰，扭搭两下，天真的动作，引来阵阵喝彩。扭秧歌是新兴节目，不算大进驾的传统，表演时间也不长。

3点31分，6名身着红色大袄、黑色毛裤的女孩子跳起了现代舞。这六名女孩子约十五六岁，奔放的舞姿表明小山村已不再完全闭塞，外部世界起码已经对部分青年人造成了影响和冲击。

3点39分，轮到贵班出场了，这是大进驾的保留节目。一般来说，"跑帷子"打头阵，帷子手将观众们的情绪调动起来后，跑宝马表演就将祭祀龙王的仪式性活动推上了高潮，然后才是节奏起伏的其他文艺节目表演。贵班是在踩高跷、划旱船、跑竹马活动陆续结束后压轴出场的表演活动。前面提到，表演武术的是杨家二兄弟。只见，杨成堂脱掉外套，也不穿对襟传统表演服装，他在观众散开的庙前空地上先打一套柔顺圆活又不失刚健有力的形意拳套路，这趟拳法刚柔并济，正踢、侧踢、外摆单拍、侧踹、后扫蹚、大跃步前穿、腾空摆莲、侧空翻，时间不长，但也打得虎虎生威，四下里观众一片喝彩。杨成堂下场后，杨成明也依例上来打一套形意拳套路，拳术表演就此收场。事实上，两人的拳法套路还是有暖场的意思，拳术表演结束后不需要间隔，旁边早已经安排就绪的外场服务人员已经捧递过来大刀和红缨枪。当下两人刀如猛虎，枪走龙形，与先前捧场叫好时的热烈不同，此时大家屏住呼吸，只是静观两人的厮杀。杨成堂和杨成明兄弟俩是地道的农民，并没有多少花哨的演出技巧，但在这些年的磨炼中场面调度的技巧也无形里积攒了许多，杨成明的红缨枪耍起来缠绕圆转，灵活多变，步法轻灵稳健，腰腿和臂弯在闪转腾挪之间，颇具章法。杨成堂的大刀不甘示弱，撩、刺、截、拦、崩、斩、抹、带，勇猛刚劲，相得益彰。观众的情绪和全场气氛也在二人叱咤呼喊声、大刀砍劈在红缨枪杆上的咔嗒声中调动起来。整个演出也就前后有20分钟的时间，但是这20分钟却是场面最为紧张刺激的一段时间。

4点钟刚过，武术表演过后，又是两场现代舞。第一场为6个女孩，背景音乐是《红红的蝴蝶结》，第二场是4个女孩，年龄从17岁到19岁不等。舞蹈过后，村里的秧歌队就在《花好月圆》的背景音乐下扭起了红红火火的大秧歌。

4点20分，活动进入戏曲表演阶段，48岁的逃卫明演唱了豫剧《三哭殿》，37岁的女洋鼓手李彩凤演唱了《打金枝》选段，她们的表演赢得中老年观众的阵阵掌声。戏曲过后，村里的秧歌队又表演了三场舞蹈，分别是《越来越好》《高山上流云》和《大秧歌》。至此，文艺节目表演暂告一段落。社首招呼着帷子队又跑起来帷子。约5点一刻，下午的大进驾表演结束。

（三）尾声：正月十五和十六的仪式表演

整个大进驾的表演活动主要积聚在3天时间，这3天上午的跑宝马、跑帷子、绕村巡游等传统的仪式活动基本相同，只是下午的文艺表演和晚上的仪式内容会有一些差别。正月十四日晚上没有什么特殊活动，只是在庙前跑跑帷子。到了正月十五晚上，则有了"转灯"和"板上乱叫"这两项传统的仪式内容；而正月十六晚上只有转灯和跑帷子，没有了板上乱叫。在每天的表演中，社首会根据演员的实际情况，来安排其演出的时间和场次。前文利用较大的篇幅介绍了正月十四全天的仪式活动，正月十五和十六两天的仪式内容和形式大致相同，我们在这里只列出正月十五的仪式表演清单，结合正月十四日的表演，读者可以概览大进驾仪式的全貌，而正月十四和正月十五则从活动内容、群众气氛上看是整个活动的高潮与尾声。

2012年2月6日（农历正月十五）大进驾仪式表演清单

8:00，村里大喇叭上开始招呼"跑帷子"的集合。

9:05，村中鞭炮声响起来，村中妇女陆续来龙王庙烧纸，祭拜神灵。

9:29，龙王庙前，帷子队在鼓声的伴奏下跑起了帷子。

9:46，跑竹马表演。

9:58，贵班表演，会首们在村委二楼上放起了双响和雷子。

10:00，贵班表演结束，人们开始在庙前燃放鞭炮、烟花，整个现场烟雾缭绕。

10:05，高跷表演，烟火燃放继续进行。

10:10，高跷表演结束，准备跑宝马仪式。整个表演队伍在龙王庙前列队，在鼓声中开始跑宝马。头马跑三遍过后，带来另外五匹马，行至庙门前，此时燃放一万响的长挂鞭炮。鞭炮燃放过后，又跑了三遍宝马。

10:30，绕村巡游开始。

10:58，队伍行至后街前堂庙旁停下，表演竹马、花船、武术。

11:37，巡游队伍回到龙王庙前，停下，头马先跑宝马，三遍，毕，庙内燃起鞭炮。然后，头马引领大部队前行至庙前，列好队，头马再跑三遍。最后，引其余五匹马前来，到庙门点头致敬，压阵老者（玉皇大帝）下马，到庙内祭拜。

11:53，跑帷子表演，毕，上午活动结束。

14:00，表演队伍陆续到庙前集合。

14：15，跑帷子表演，所跑阵形为"天、下、太、平"四字。

14：30，高跷表演。

14：41，赛花船表演。

14：50，村里的四个越南媳妇身着民族服饰表演越南舞。

14：55，竹马表演。

15：08，六位村民表演小丑，打扮怪异，表演夸张。

15：22，第二场越南舞表演。

15：22，贵班表演，除杨氏兄弟外，又加入一人。

15：27，舞狮子表演，两只红色的大狮子表演得十分精彩，引来阵阵掌声。

15：30，9个小女孩扭秧歌。

15：38，15个女孩表演现代舞，背景音乐为《山上的山花开》。

15：44，小品。

15：51，歌伴舞。

15：55，跑旱船。

16：00，演小丑。

16：08，黄梅戏《天仙配》。

16：22，现代舞表演。

16：30，跑帷子表演，毕，下午表演结束。

19：00，转灯。

20：10，板上乱弹。

22：00，全天仪式结束。

1. 转灯

大进驾活动期间，以灯阵的迷宫为活动对象，从灯阵进口进入并且游走找寻到出口的仪式叫作转灯，转灯仪式在正月十五和正月十六两天的晚上举行。晚上七点，夜晚的姚家岇村就已经浸泡在黑夜里，村子就是山坳，山坳也是村子，漫天繁星如豆，一盏明月斜挂在山顶高处愈发显得遥不可及。这段时间难得龙王庙前有了些许的宁静，不过村里的老少爷们儿并没有在家闲着，而是按照惯例悄悄往姚家岇西北面的灯阵去了。天黑之后灯阵门前的两个大灯笼就红彤彤的点亮了，支撑灯阵的每一根木桩上面都点起了小蜡烛，大家顺着山路转过一处山凹，顿时眼前涌现出一片红艳艳的海洋，一束束烛光在微风中摇曳，交相辉映，让人眼花缭乱。晚上7点半左右,还有许多村民结伴从龙王庙前出发,一路吹吹打打来到灯阵。人群逐渐积聚起来,大家不分先后,只要到了灯阵,便陆续从入口进入,顺着曲折的通道,转来转去,在迷宫当中游走将近20分钟左右找到出口。转灯期间不许高声说话,孩子们们手中大多还捧着额外的一支蜡烛,随时点燃被人群行走的气流吹灭的火苗,无论老幼基本都是静悄悄地沿着通道顺势寻找出口。别看灯阵的面积不大,却能同时容纳几百人一起转灯。在姚家岐人那里,转灯是姚家岐人消灾祛病的一种仪式,人们俗信正月十五转了灯,一年都会平安无灾病,更有老人还要根据两天里火苗的兴旺来判断当天立春后庄稼早种还是晚种。

2. 板上乱叫

唢呐手

如果说正月十五下午的文艺演出多以年轻人为主,那么到了这天晚上则是中老年人的天地了。正月十五,月圆星稀,入夜后的集体联欢随着黑暗的来临在一片喧嚣和锣鼓声中弥漫开来。傍晚6点钟的时候,夜幕就掩盖了各家房顶上的炊烟,山里的冷风裹挟着凉气迎面扑来,远山如一抹青黛,只留下浓墨般的蜿蜒线条。虽然是在节日,村里还是没有多少人家舍得在六七点钟的时候生起炭火取暖,与其在家里挨冻,不如到龙王庙前名正言顺地吼几嗓子,这对诸多戏迷们来说是一个不错的选择。文武场和专职按照节目单演唱的演员都是本村票友,由于生活节奏的加快,他们日常其实并没有多少排练、演唱的机会。出于个人兴趣和独乐乐不如众乐乐的情怀,票友们在大进驾上的演出既不寻求劳务费,也不贪图吃喝饮食。正月十五晚上，龙王庙前老老少少人头攒动，庙门前的空地上摆上长条板凳，七位乐师一字摆开，龙王庙里的灯火通明无疑是最好的舞台背景，唢呐、笙、竽、二胡、板胡、小锣、小鼓在庙前白炽灯的照射下闪烁着夺目的光彩。两场演出都由一位女演员充当主持和司仪，按照节目单的顺序各人在众人的喝彩声、起哄声中依次登场，和着身后乐师们的伴奏，亮开嗓子高吼。此外，间或有老者兴之所至插唱一曲《滚滚长江东逝水》和《敢问路在何方》，这些带有浓郁乡音和豪迈味道的影视歌曲尽管在传统戏曲的映衬下显得那么不伦不类，但彼时的情景却让每一个身临其境的人浸淫其中而不能自已了。这是一场山村人自己的音乐盛会，在这里只有演出的激情，没有水平的高低好坏之分，因为人们在乎的不是演唱的质量，而是一种热热闹闹的联欢氛围。晚上的演出大概持续到10点多钟，等到人们散去，夜幕下的小山村又逐渐恢复了往常的宁静。

五、趣得自然：活动的参与者

与诸多乡村庙会不同，姚家峧的社火活动"大进驾"在体现出强烈的与自然沟通，酬神还愿的神格色彩的同时更多呈现出一种非常态的联欢或类狂欢而非日常生活的延续。在一个封闭的姚氏宗族占据绝对比例的村落里，这种血缘式的传统社会组织尽管有日常生活的排他性（例如前文村民对其他姓氏的评价），但在今天的大进驾活动中，宗族或血缘的褊狭成见让位给了能给予所有地方人民以生产、生活乃至生命保障的众神万仙。各个家族和姓氏联合起来竭尽所能的自发参与整个活动的筹备、组织和表演，经验社会中充当权威的老人愈发获得尊重，妇女和儿童得到解放，不仅

"值岁曹官"

本村村民甚至远道而来的外村观众也得到应有的礼让。老人、妇女、儿童和青壮年男人们一扫日常生活的沉闷单调保守刻板的姿态，表演者与表演者、表演者与观众的默契协作达到了一年之中少有的互动、共鸣或超越。以大进驾活动为契机，表演者之间、表演者与观众、观众与观众之间终于可以将自己在日常生活状态下压抑已久的情感得以尽情地释放，从而达到一种"在高度自我充实的瞬间中的心灵交会"般的彻底忘我的狂欢境界。

（一）演员构成

社火演员，在这里专指整个社火活动过程中参与演出，兼具有表演性或戏剧性的人物角色。在整个大进驾活动中，演员由于节目内容的不同，在扮相、唱词、人物设置方面自然也产生了许多差异。如果不算演员在多个节目的串场重复和其他后台演职人员，包括乐队、文武场演员在内，所有舞台式演出人员有六七十人左右，这个比例占据了全村人口的十分之一。

大进驾活动的参演演员老少兼备，既有幼儿园的五六岁儿童，也有正在武安市读书的初中、高中的少年，还有五六十岁的老者。从旁观者的角度发现，所有参展演员，男女性别比例基本相当，青少年是跑帷子、跑竹马、旱船、高阁、歌舞、小品、踩高跷、军乐队表演的主力军，中老年人则集中在贵班、唱戏两大活动中。当然，即使在青少年占主要地位的上述节目中，也总是难免有一两位老成持重的中老年长者现场调度引导。

演员往往是社火活动最引人瞩目的人物，有时甚至也是祭拜仪式的重要组成部分。在姚家峧，参与大进驾活动的全部演员都来自本村。毋庸置疑，在大进驾活动演出的历史上，演员的面貌与今天相比有着天壤之别。老人们说，在 1949 年前的时候，姚家峧的大进驾活动，妇女只有一个身份，那就是观众，不仅在整个活动举办期间，妇女不允许进入龙王庙观瞻，即使各种小戏也不允许妇女参与剧情，遑论扮演角色上场演出了。1949 年后，随着社会风气和妇女解放思想的普及，女性的禁忌在现实生活中不断地松懈，不仅妇女一如既往地参与演出道具、服装的晾晒、换洗、修补等准备工作，也不仅在龙王庙门前或游行队伍路经的街头巷尾充当观众，而是摇身一变当家做主，慢慢地参与到大活动的重要位置，甚至逐渐有口齿伶俐、头脑聪明又热衷集体活动的妇女扮演起各种小戏中的角色来了，这种势态也就见怪不怪了。今天的姚家峧社火演员逐渐模糊掉性别禁忌的现象则更为普遍，例如跑旱船、跑竹马的基本是由女性出演，而踩高跷、歌舞节目、军乐队演出则全部由妇女包揽。在这些节目当中，唯有戏曲演员、贵班表演无论是舞台演员还是文武场还是坚持都由男性承担。值得注意的是，无论妇女解放思想如何深入，也无论女性的地位如何提高，跪宝马的仪式和龙王庙的进出对女性而言则依旧是自觉回避的禁区。在姚家峧上了年纪的人看来，演员队伍的悄悄转变则有很多无奈的因素。简单说来，一方面技艺娴熟的老人们逐渐离世，不但很多花活没有传下来，连基本的表演程式也被后学者走了样；另一方面，计划生育政策的实施使得男丁减少，有限的青壮年劳力也大多在外务工，返回村子准备排练的时间太短，或许也因迫于这种无奈，不任妇女们披挂上阵，连很多在往常只作为新鲜尝试的孩子们，也逐渐往重要的仪式活动和表演节目里集中了，于是今天的大进驾便也成了演职人员的老少大杂烩。好在妇女们参与演出的兴致有增无减，孩子们又是最具活力的生力军，这对增添大进驾的人气未尝不是件好事。

（二）演员组织

大进驾结束后，庙里结余出的香火钱勉强还能准备两席有酒有肉的犒赏饭，但是大部分演员没有演出报酬，整个活动中的劳务算得上是爱心付出或公益巡演了，只是演员们乐此不疲，似乎从没有人提起过报酬的问题。

近几年最早也要过了腊月二十，社头和几个社火骨干成员商量好了才能召集大家开始筹备活动。龙王爷也怪不得这几位组织者怠慢，因为巧妇难为无米之炊，包括社头在内，村里青壮年们大部分还没有从外地的务工地点回家，老弱病残孕们互相瞪眼干着急。跑帷子用的道具已经提前置办好了，庙里统一收藏着高阁、旱船、跑帷子、高跷、竹马等几样演员穿着的新旧戏服和衣裳。旱船、高跷、竹马、帷子等和其他细巧玲珑的道具也都装在庙里的配殿屋中，如果某些道具一年里破损得厉害，便有巡守的值班人员在平时重要的节气祭拜龙王时拿出来晾晒或者委托村里的妇女修补，一般都欣然答应，没有找借口拒绝的。这种维护方式导致了庙里的道具服装出现了这样一种景象——新服装和旧服装差异很大，道具的老旧新颖程度也有巨大反差，所有道具服装要么临时置办簇新鲜亮，要么满是补丁破败不堪，要么彻底废弃难以使用，始终无法在颜色和款式上真正统一起来。

腊月底，根据社头的安排，所有可以参与演出的人员便收到了邀约的口头通知，现在已经没有时间统一排练，甚至很少有机会在春节前象征性的彩排汇演，不管是不是真有时间，姚家峧的社火演员更多是满怀着神圣的使命感履行一个无奈的使命或者完成一个既定的任务。春节过后，在社头的一再要求和组织之下，零零星星的演员排练活动才开始。正月初十开始，小规模的跑帷子、跑旱船、踩高跷、扭秧歌开始在龙王庙前活动起来了，大鼓、小锣、文武场也奏出了吼叫和节拍。除了这些，还有一些时尚节目，例如扭着小蛮腰的女童和穿着山寨西洋乐队服装的军乐队也不温不火的排练起来，但是他们不那么着急，因为大进驾活动中排演的节目事实上在日常学校里的幼儿园音乐课和其他公共娱乐性的活动中都多次训练和表演过，只不过这些节目常演常新，许多舞蹈动作和音乐节拍临时更换一点新花样也算是为这每年（甚至隔年）一度的节日大餐增加些许亮点了。

8岁的姚金杰是大进驾活动中跑帷子仪式的重要演员，他是跑帷子阵型的向导，扮演为引领队形变化手持"令"字旗的一只小海燕形象，一副蓝色队服裹在一米出头不胖不瘦的身板上，目光里闪烁着山里孩子的聪慧，脸颊上却有几块浅浅地结疤的冻疮。与大部分阵型里10岁左右的孩子们一样，参加跑帷子的演员并不会得到什么物质上的报酬或奖励，但是在所有围观的大人和儿童们注视的眼光中，姚金杰还是卖力地穿梭飞奔，几天活动下来，小脸冻得愈加红扑扑的也没见叫苦叫累。可惜除了天真以外，懒惰是大部分青少年演员的通病，尤其是跑帷子仪式中的表现更为明显。跑旱船、跑竹马、文武场的成年演员可以沉住气按部就班地挪动着脚步按时跺到龙王庙前，但跑帷子是招徕观众和贯穿社火始终的标志性重头戏，手持头重脚轻约10斤重的铁杆，还要在大部分时间里按照"天下太平、一心叩干、千山万水、乙心丰上"的字形飞奔跑动，不是年轻人的确吃不消，愣是年轻人也知道这个表演最苦最累。于是无论在大进驾正式开始前的有限几次的排练活动，还是社火活动正式举行期间，每天午饭、晚饭后需要跑帷子表演招徕村民之前，社头总要通过大喇叭一遍遍召集跑帷子队员："跑帷子哩！跑帷子哩！你吃饭赶紧下来集合哩！""跑帷子哩！跑帷子哩！你赶紧到庙前头集合哩！"一次比一次着急的吼叫也隐约变奏成了萦绕在队员耳边毫无威慑力的音符，只有坐在庙旁南墙根的几个老汉叼着烟袋锅子怡然自得地等着下午的节目花样翻新。

（三）技能习得

在姚家峧，社火演员采取的是"集体讲授，群体培养"的群体传承形式，既不是家传，也不必拜师。至于大进驾活动从哪一辈人开始滥觞，老人们各执一词，坐在一起聊天时他们甚至能争执得面红耳赤。有人说是清末时期龙王爷显灵，从那时开始建立了龙王庙才有了大进驾活动，也有老人说年份要比清代更早，明朝就有了咱姚家峧村，盖起了龙王庙，跑起帷子来了。

尽管活动诞生、演员演出的历史完全可以上溯的非常久远，但今天的文化氛

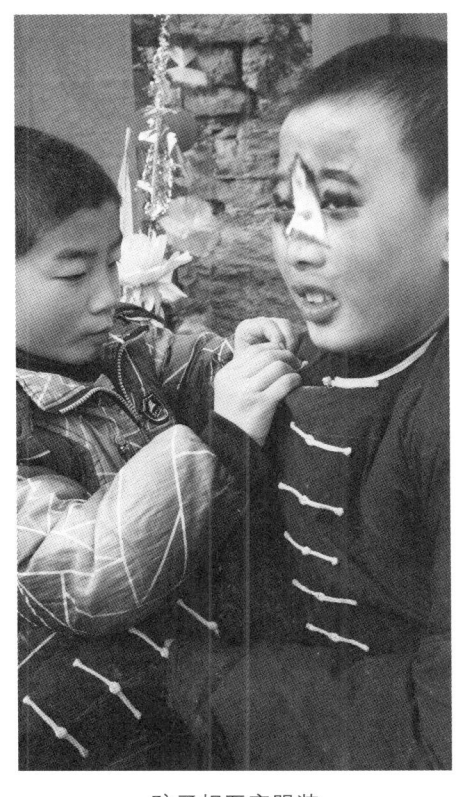
孩子相互穿服装

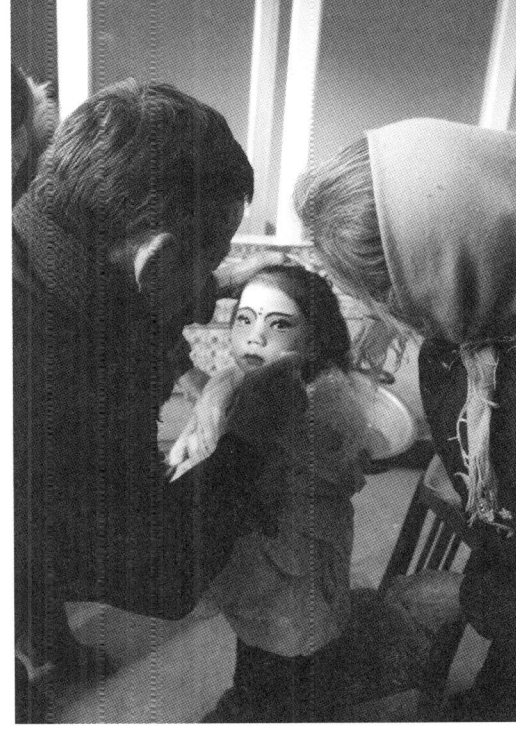
给孩子化妆

围使得青年人知道的村落信仰或传统已经匮乏到令人吃惊的地步。现在的演员实在无法将节目的质量放在特别的位置去准备，因为能不能凑起人来已经成了首要问题。等绞尽脑汁将孩子和妇女都加到往常从不让他们参与的社火活动里以凑齐一个节目班底的时候，似乎准备工作就算大功告成了。旧时风吹黄叶满地，天气变冷时就可以排演的社火节目，虽然现在依旧保留着"集体讲授，群体培养"的群体传承形式，但演员的精力已经难以集中，人数不够、时间紧张、性别比例失调、老少隔代断层等因素使得这些年来只有腊月底甚至正月初的仓促排演。跑竹马和跑旱船的带头人姚双林老人说起这个话题更是频频摇头，一脸的无奈和唏嘘。姚双林老人（1946年生）介绍，以往的跑竹马要唱戏，代表剧目是《李元龙征南》，里面角色行当清晰，唱词有腔有调，以唱为主，马跑为辅，可是也不知什么时候起，跑竹马变成了徒有其表的驾马逡巡"张不开口，唱不得了。"① 而这

---

① 访谈人：朱振华，访谈对象：姚双林，访谈时间：2012年2月3日，访谈地点：龙王庙西厢房。

传统断裂的景象却只是大进驾活动中众多传统节目的一个缩影。值得注意的是，以往演员在表演手段和技巧上的"专业性"因为上述的客观原因导致了弱化倾向，即为了凑齐表演的规制，妇女和儿童甚至晚归的青年人都无法做到苛刻的沿袭旧制（主要是一定时间的集中训练），这种结果一方面可能导致表演的技术难度降低和观赏性下降，另一方面却也扩大了参与的人数和层面，又赢得了部分边缘观众。

（四）观众

不要说姚家峧，整个徘徊镇在武安市都是出了名的穷乡僻壤。徘徊镇是由于境内有南洺河至此曲延回转，取其应物象形的意思，有河自然有水。可惜姚家峧并没有因为这个名字沾上水源充沛的福气，整个大山深处哪有河流水脉可寻？因为山峪的闭塞，姚家峧人多了大进驾的几分欢乐，也因为大山的封闭，大进驾不仅是姚家峧人，更是四邻八乡但凡有脚力走得过来的人，娱乐或猎奇的场所。从盘观者的身份看，有近处的村民，有远处的文化爱好者，武安市的报社记者，还有北京、上海、山东等地的摄影家。从年龄和数量上看，来去匆匆的大多是大山外面的成年观光客，而作为观众贯穿节目始终的还是乐此不疲的本村内外的老人、妇女和儿童。

观看表演的观众

姚家峧及其附近的村民是观众的主体。在武安，春节是家庭成员集体的节日，与绝大多数中国人一样，无论多忙，在外打工或求学的姚家峧人都要在春节前赶回老家过年，即使已经定居在外地，也一定要挈妇将雏陪同在老家生活的父母过年。这种情况就使得每年春节大进驾社火活动期间的姚家峧，落后与流行、时尚与传统、城市气息与乡村观念的碰撞通过不同的人群展现出来。尤其是正月十四、十五两天，大进驾活动进入高潮，几乎所有迈得动脚步的村民都从自己家簇拥到龙王庙前或凹凸不平的地形高处。在繁华城镇里生活或学习过的青年穿着品牌服装，头发烫染成各式流行的款式，几个姑娘也不避讳村里老人们指指点点的眼光，在冷下十几度的天气里穿着外大山外面的世界流行的短裙，有的小伙子不但也烫染了头发，甚至还戴着耳钉和项链。在正月十三、正月十四、正月十五三天的活动中，每天观看演出的人流量基本都集中在中午前后，元宵节这天甚至达到八九百人，上午和晚上则略显冷清，有一几个中老年观众和几十个孩子则几乎是贯串全程的忠实拥趸，几乎茶余饭后就守在龙王庙前等候演出。姚家峧人又是所有观众人群的主力，但在正月十五这天，不远处的后李甲村、前李甲村村民也约略有三四十位远道而来参加，熟悉的村长也都热情地打招呼拜年，只有新年里才看得到的笑容挂在每一个人的脸上。姚家峧人大多都有块看不见的钟表，锣鼓点稀稀拉拉，庙前的演员也参差不齐的时候，除了吃饱了饭不愿意待在家里消遣时光的老年人以外，青年人还是愿意躲在家里看电视、打扑克，等到跑帏子的锣鼓点密集起来，演员也基本就位，旱船划起来，高阁上的小演员扎束停当，跑宝马的四时功曹也各就各位，跑马游街的气氛渐渐热烈起来的时候，一霎间犹如水面上忽然微风吹过涟漪，不仅星星点点的人群从各个胡同里探出头来，山冈高处鳞次栉比的各家门前也绕村巡游的路线站满了扎着羊角辫，裹着小脚、叼着旱烟卷、抱着冻得满面腮红的儿童，甚至穿着冬装也看得出腆着肚子即将要做母亲的各类人物。其实大进驾活动每天的仪式和表演节目十分相似，但除了仪式性的活动，娱乐性的表演节目又有微妙的差异和一点悬念，例如今年小品又有谁上场，高阁的表演会不会还有花样，等等。这种安排使得相当数量的村民在一面抱怨节目老套的同时，还是忍不住在固定的时间走出家门乐在其中。只不过外村的村民难免只能充当热心的观众，而姚家峧人不少还能在天黑前后的小品表演、歌曲演唱等互动节目里过一下戏瘾，秀一下身手。

作为观众，远道而来的摄影师和记者则是让姚家峧人又爱又恨的一类人物。从正月十三开始，外地牌照的小车就从贯通村落南北的唯一一条柏油路上划破了宁静，这些车辆行进的路线常常是直奔龙王庙前，等到停下车子发现庙前的小广场不但是社火表演的舞台，还是村子唯一的公共广场后，这些挂着冀A、冀T、京Y、鲁A牌照的车辆便又费劲地调过头来重新奔到村口，然后找一个三不管的路岔停车。大进驾活动短短的三四天里，每天都有几个穿着马甲、身上斜挎着长枪短炮几个款式照相机的摄影师（抑或摄影爱好者）钻进姚家峧龙王庙和演员活动涉及的各个胡同、庙宇疯狂拍照。其中客气点的会先打听村委会驻址及领导，碰了钉子后察觉了村领导的不配合，索性便见缝插针一通乱拍。不客气的家伙更是丝毫不考虑礼貌问题，哪怕是演员跑宝马冲到眼前，祭祀龙王的仪式进行了一半，仍然自顾自地选好角度将快门按得嚓嚓作响。社头姚广海说："以前外面来了客人看我们搞活动很高兴，现在他们拍完了就走，连一张照片也没给寄来过，对他们（的支持）不抱希望"。实际上，在前几年，不仅是姚广海，甚至是大多数村民对全国各地来的摄影家们来到自己村子里都有一种敬畏和仰视，在很多村民看来，这些都是有可能把自己照进新闻联播的记者。可是时间久了，不仅家里的电视上从没见到过这些人活动后的成果，甚至频繁的光顾和不考虑山里人习俗的举止让大家都略生出几分敌意来。在姚广海看来，这些人并没有真正帮着他们宣传村子，宣传大进驾活动，有些摄影师不但喜欢毫无顾忌地拍照，还擅长漫无目的问东问西，等社头和其他负责人们口干舌燥地解释一通，换来的不但没有新闻报道或其他事后任何形式的反馈，甚至连对庙里礼节性的功德钱也不奉献，这种"对神不敬，拍拍屁股就走"的情况，有时极大地挫伤了姚广海和其他社火负责人招待远方来客的热情。

最为忠实的观众是姚家峧村和前李甲村、后李甲村的孩子们，小到五六岁，大到十四五的孩子们是社火活动最为忠实的粉丝。例如持续三次，每次都在寒冷的黑夜里从龙王庙前出发，绕行村子一周，全程二里地左右的迎神、送神活动。除了社火组织者与演员，极少有成年村民冒着严寒在将近9点的夜里出门参加这种富有神秘色彩的仪式性活动，但孩子们不同，他们没有了白日里的嬉皮笑脸和喧哗躁动，忽然便在这特定的情境下老实起来，只有压低了嗓音的低语和问话，他们大多都准时默默地跟在人群后面，脸上挂满了庄重。白天更不用多说，无论何时，只要早上8点钟早饭过后，锣鼓声、人堆里、屋檐上，哪里有观众，哪里便扎满了孩子们的身影。

六、大进驾：节日的狂欢与艺术的表达

　　从本质上说，姚家岭村的大进驾是以龙王崇拜为核心基于水信仰观的春节社火活动。龙王庙是姚家岭最为重要的庙宇，自古便处于全村的中心地带，大进驾仪式的展演围绕龙王庙进行，仪式程序的核心内容"跑宝马"的表征和指向也是祭祀龙王。所有仪式和整个活动结束后，村民要拿着水瓶到龙王庙里去取圣水，以此祈求新的一年风调雨顺。可以说，在整个仪式中，玉皇大帝虽然处于主神的位置，但是村民对掌管雨水的龙王更加情有独钟，龙王的地位被极大地凸显了出来。究其原因，则是由于姚家岭地处深山，建村以来生存的最大困境和难题便是水资源严重匮乏，人们日常饮水和土地耕种只能依靠老天爷，雨水充沛则衣食无忧；反之，则要忍饥挨饿，食不果腹。姚家岭村的历史就是姚家岭人祖祖辈辈同干旱作斗争的历史，在无法抗拒的大自然的力量面前，先人和子孙们更多的是把愿望诉诸神灵，天地三界各路神灵都是姚家岭人祭祀的对象，只不过龙王爷由于"对口支援"的神格功能而被抬到了祭坛的制高点。每逢岁时节日，总要举行仪式活动祭祀一番，其中尤以农闲最为宽裕的春节期间最盛，这便是大进驾活动诞生、兴起、沿袭不衰的根本原因。

　　在现实生活里，大进驾中的信仰仪式是特定的群体与特定的神格之间的沟通与交流活动，它以解决现实矛盾为目的，以想象中的人神互惠为指向。为了达到上述目的，仪式必然需要进行表达，这种表达往往都是借助艺术手段来实现，或者说艺术本身就是仪式的一种重要组成。在姚家岭，大进驾仪式的艺术化趋向是显而易见的。艺术与仪式在其诞生之初可能处于一种浑然未分的一体状态，时至今日，许多信仰活动或乡民艺术依然如此。在大进驾的仪式中，除了请玉皇、跑宝马、取圣水等民间信仰色彩较为浓重的仪式外，我们很难区分哪些是仪式，哪些是艺术，这或许是因为整个仪式过程即为一次艺术性展演，仪式活动与艺术表达浑然天成地结合在了一起。

　　没有艺术活动的乡土社会是难以想象的，不仅人们的宗教信仰活动显得冷漠压抑，人们的日常生活也将是无比得乏味、苦涩。可以说，从产生那天起，大进驾就是一种带有表演性质的信仰活动，是全村人们娱神娱人的大盛会。村民通过大进驾仪式的反复展演，来表达自己对神灵的敬拜，企盼风调雨顺、人寿年丰。大进驾期间的歌舞表演虽然没有其他节目那样的悠久历史和神秘色彩，但同样扮

演着重要的角色，它从属于宗教活动，是其不可或缺的组成部分。在当地人的眼中，敲锣打鼓、唱歌跳舞能引起神的注意，起到娱乐神灵的作用。从表面上，歌舞的表演是在娱乐神灵，其实它也在客观上作用于人，使人更容易进入某种仪式的状态，还能起到吸引人的作用，能把人们很好地整合在一起。众多喜闻乐见的娱乐节目，使得人人皆可参与其中，人们载歌载舞、忘情投入、乐此不疲，个人情感借此得以抒发，现场观众也得到感染，进而获得审美娱乐的艺术效果。从这个意义上讲，大进驾是姚家峧人的节日狂欢，是人们利用信仰仪式活动对自我生活的一种调节。

  由此可见，姚家峧的大进驾活动是基于对龙王的崇拜和对水的渴求而兴起的信仰仪式活动。在整个仪式活动中，艺术性元素充满其中，艺术活动伴随始终。人们通过仪式中的表演、唱诵、跪拜、装饰等手段，展现了隐藏在内心深处的真切的激情和渴望。在娱神的同时，也使自己得到了心灵的享受和身体的锻炼，达到神人同乐的祥和氛围。"宗教并不必然地指向艺术活动，但宗教一旦进入到村落社会中，却无一例外地具有艺术化的鲜明倾向。"[①] 这是因为乡土社会中的人们在对传统仪式进行操作的过程中，一方面秉持种种传统的规范礼仪，另一方面又在其中寄寓着自己对于生活的个性化想象与理解，这使得他们的仪式活动具有艺术性表达的浓郁色彩。今天，集信仰和艺术为一体的大进驾活动，其信仰色彩已逐步淡化，而艺术特征却得到空前的强化，信仰仪式的艺术化的趋势也更加明显。这或许是在现代化的进程中，传统的信仰活动不可避免的命运吧！

---

① 张士闪《乡民艺术的文化解读》，山东人民出版社 2005 年版，第 233—234 页。

附录

附录一　姚家峧村非物质文化遗产龙年大型庆元宵活动工作人员及演员名单

导演：姚大军

副导演：姚秀华、姚祯祥、姚文军

插道负责人：姚大军

插道宝马负责人：姚满仓

后勤治安负责人：姚祯祥

灯光负责人：姚学付

电工负责人：李连元

围的负责人：姚良地

围神鼓负责人：姚大可

贵班武场负责人：杨成堂

高跷负责人：姚风书

竹马后场负责人：姚毛旦

竹马后场音乐负责人：姚电成

高阁负责人：姚起林、姚刚林

高阁后场化妆负责人：姚邦栓

旱船负责人：姚增良

旱船后台音乐负责人：姚林全

中老年秧歌队负责人：姚印成

片场花景负责人：姚秀华

四季神位负责人：姚顶成

附录二　姚家峧村庙宇位置及社火绕村巡游路线示意图

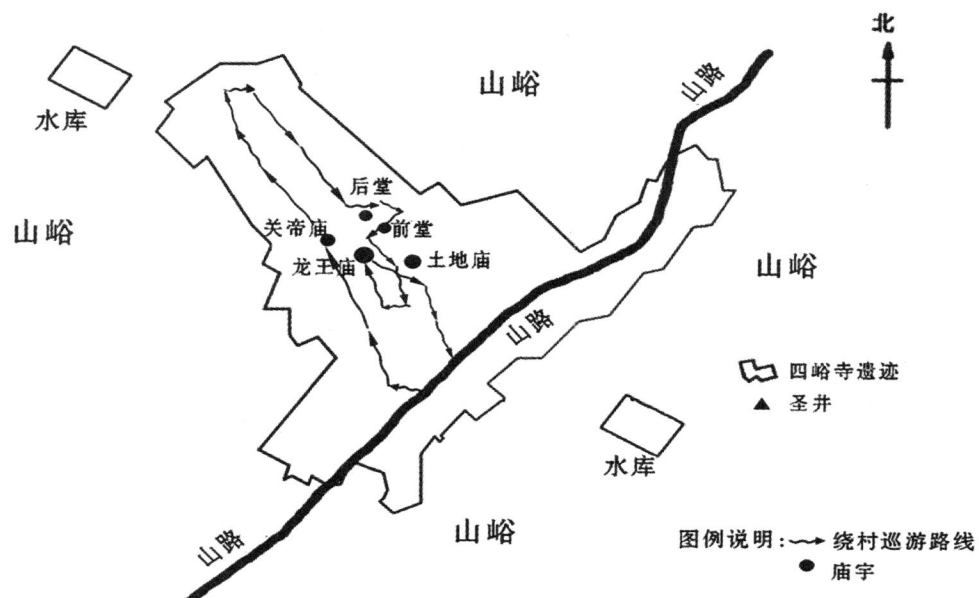

主要参考资料

1. [英] 简·艾伦·哈里森，刘宗迪译，《古代艺术与仪式》，北京：三联书店 2008 年版。

2. 张士闪《乡民艺术的文化解读——鲁中四村考察》，济南：山东人民出版社 2005 年版。

3. 容世诚《戏曲人类学初探——仪式、剧场与社群》，台北：麦田出版股份有限公司 1997 年版。

4. 苑利《晒龙王祈雨仪式研究》，载《民间文化》2001 年第 1 期，第 67—68 页。

5. 董晓萍《节水水利民俗》，载《北京师范大学学报》2003 年第 5 期，第 125—133 页。

6. 董晓萍《陕西泾阳社火与民间水管理关系的调查报告》，载《北京师范大学学报》，2001 年第 6 期，第 52—60 页。

7. 武安市地方志编纂委员会《武安县志》，北京：中国广播电视出版社 1990 年版。

8. 张午时、张茂生、李栓庆校注《武安县志校注（民国卷）》，武安历史文化研究会。

禳祟纳祥

——冀南武安白府村"拉死鬼"仪式

河北省武安市位于华北平原最西端,太行山东麓余脉一带,境内多山地、丘陵,属山区县(市)。现辖22个乡镇,502个行政村,面积1806平方公里,人口71.6万。自古以来武安便是燕赵文化的中心地带,素有"太行明珠""千年古县"的美称。当地具有深厚的文化底蕴,是全国知名的地方戏曲之乡。其中,武安傩戏更是被称为"戏剧的活化石"。

武安傩戏是古老的黄河文明的遗存,最早可能产生于夏商时期,至今已有上千年的历史。它是集迎神、祭祀、傩仪、队戏、赛戏等多种民间艺术形式为一炉的文化复合体,通过种种巫术形式来禳祟纳福,表达了人们对人寿年丰、社会安宁的美好期待,其中包含着许多崇孝扬善、敬老爱幼的道德教化内容。武安傩戏形式多样,内容丰富,规模宏大,场面壮观,面具和角色原始古朴。比如固义村的傩戏,从规模、阵容和角色来看,有宋代宫廷大傩的遗风。正因如此,武安傩戏在国内外具有较大的声望,中国傩戏研究分会长曲六乙先生1995年在武安观摩演出时兴奋地说:"固义《捉黄鬼》是我十几年来所见过的傩戏中内容最丰富、最激动人心的一次,它有深厚的历史意蕴和很高的研究价值……"除此之外,1998年,武安还成功举办了"亚洲民间戏剧民俗艺术国际观摩与艺术研讨会",来自7个国家和地区的100多名专家学者参与讨论并观摩了傩戏演出。

作为一种古老、质朴且神秘的艺术形式,武安傩戏曾盛行于境内田间乡野,西部的固义村、北部的白府村和得意村、东北部的南田村、东部的康宿村和东通乐等村庄都曾有自己的傩戏。但随着历史的发展,传统傩戏大都已经绝迹,目前仅有屈指可数的村落能基本保存且仍在上演不同表现形式的"傩戏"。每年元宵节后,白府村"拉死鬼"活动便是冀南地区较有代表性的典型。

一、重教敦善：白府村的"白描"

德国著名艺术史学家、社会学家格罗塞曾在其蜚声学界的代表作品《艺术的起源》里断言：一个民族的生活、生产方式，受到当地的地理和气候条件的限制，生产方式对艺术起着决定性的作用。[①] 以武安市固义村"捉黄鬼"的傩文化景观为基点，20世纪80年代以来，在冀南地区先后恢复或正在传承着刘岗西村的"送瘟神"，和村镇的"打鬼王"，井陉县大尖山村的"撵虚耗"，邯郸市磁县一带丧葬仪式中的"方相氏""开路鬼""开路神"等具有"乡人傩""百姓傩"遗风的社火或傩仪。

纵观这些傩文化的发生地，它们几乎呈现了共同的特点，那就是都深处太行山麓的偏僻山野之乡，沿太行山脉形成一条不规则的傩文化带，乡村经济面貌也多表现为贫困或欠发达状态。正是这种人文地理空间的相对闭合性，以及人们建立在特殊地理环境基础上的精神诉求，使得这些历经多次政治或文化运动洗礼的村落竟成了傩文化遗子的藏身地和避难所。就此而言，处于武安市东北部相对开阔的丘陵地带的白府村也深得其中三昧。

白府村属于武安市邑城镇辖区，它距离市区约30千米，离镇政府2.5千米。这个村子近年来名声响亮，这不仅由于村里有多处保存较好的古建筑、古墓、古遗址，还因为正月十七这天夜晚世代表演的傩仪活动"拉死鬼"。2005年，白府村的"拉死鬼"被列入第一批国家级非物质文化遗产保护项目。2012年，白府村入选第一批中国传统村落。

今天的白府村仍旧是个中等规模的村庄，现有2200多人，耕地6000余亩，一直到20世纪90年代末外出务工潮出现之前，村民生计都属于华北地区典型的小农经济。尽管全村耕地面积大，但山冈薄地多，十年九旱的天气条件，种植玉米、黄豆等农作物容易受旱不收，日久天长，白府村形成了种植谷子的传统习惯，连附近的乡民都有"白府小米粥好喝"的共识，可谓是远近闻名的"小米之乡"。即使在今天，谷子仍是白府村的传统作物，棉花、芝麻的种植也保持了一定数量。因地处丘陵地带，土地实际上并不肥沃，乡民们按土质的优劣把田地分为四五个等级，"好地"人均不足半亩。由于地处贫水区边缘，村民日常饮水主要

[①] 格罗塞《艺术的起源》，北京：北京出版社2012年版，第173页。

靠打深井,一般打到30米深就能引出甜水,但是现在由于周边煤矿的开采掏空了地下,自然水都渗透了下去,打水取水也日益困难,于是土地的耕种几乎完全靠天吃饭,雨水是否充沛以及人畜的健康问题更是直接关乎着庄稼的丰歉和年景的好坏。

关于村庄的来历,老年人讲,在明代永乐年间,山西洪洞大槐树一户朱姓人家始迁到沙河溅水洼。之后,先祖带领一家老少从渐水洼又迁到现白府村西一公里处沟南村垦荒入户,因土薄水差生存困难,再迁移到现址安居。稍后迁来的还有纪、胡二姓,聚集成村。当时在村东南有一座红门寺,内有一百多个佛像(也有说一百位和尚),故取名百佛村。从几座村庙里残存的碑刻来看,明清之间,白府村曾一度称之为百佛村、白亿村、白阜村。清末,才定名为白府村。

康熙年间土地庙碑文称"白佛村"

白府村至今是一个以朱姓为主的杂姓村,村中共有十几个姓氏,其中朱姓占70%以上,且同为一个宗族。据朱氏家谱记载,其先祖名叫朱玘,生有八个儿子,这八个儿子的后代形成了宗族的八个支系,俗称"八门"。后来,村里也陆续迁来一些其他的姓氏人家,如卢、刘、白、姜、郭、李、赵、白、武、肖、罗、陶等姓,人口渐多,繁衍成大杂居小聚居的族群图景。

白府村面积不大,但按照先辈们前后选址居住的聚落,大致也分成了三个单元，分别为南场、北场和当街。南场和北场的住宅大都是近30年兴建的。当街又称为老街，是全村最为传统的居住区域，整条街贯穿南场东头与北场西头，街两侧的建筑物大都有200多年的历史，原为青色石瓦，楼宇林立，厚重大气。1963年，连续下了一个多月的雨，导致许多房屋倒塌，许多精美建筑被损毁。因为当时经济条件所限，有的居民索性把花楼改成了平房或瓦房。

在白府村历史上，朱氏家族渊源最久，势力最大，家产经营自然也最为显赫。位于当街北边花门楼建于清代乾隆三十五年，坐北朝南，是朱家祖辈朱来孝所建，面积约

老宅院

门楼：广结善缘

3500平方米。一进五穿院，有客厅5间，东西厢房俩隔扇，加明柱两甩袖。各院房顶都有五脊六兽，用实木所制。五个门楼出厦，形状似梅花瓣，故称为"花门楼"。朱来孝一生重视教育，在本家设立学堂，传授知识，教授礼仪，可谓书香门第。现在有朱仲喜、朱有会、朱印子、朱存景、朱聚民等朱家后人在此居住。

白府村传统民居的平面布局均为四合院式，主房朝向讲究坐南朝北，有靠山，方向虽有不同，房屋左右对称，有明显的轴线。中间是上房，左右是厢房，主次关系明确。院落进深十几米不等，明末清初的民居多为三四进院，后建的则以一进院居多。几进院落之间通过门厅或堂屋来联系相通，空间收放结合，变化丰富，序列感很强。

朱云章宅院，地处白府村最西端，始建于清代嘉庆年间，坐西朝东，是白府村现存较为完整的四合瓦院，系朱云章祖父所建，共16间房屋。隔扇、抱厦均为实木制作，用材上成，布局合理，样式别致。

据说这座院落在建筑过程中，还流传着一段传说。①当时朱云章祖父为了建好宅院，专门跑到河南林县聘请一位孙姓"活鲁班"。由于孙师傅年老体弱，就让他13岁的孙子到白府村进行设计建筑。来到白府村后，朱云章的祖父及所用工匠从内心有点瞧不起这个13岁的小家伙。可是这个小设计师聪慧过人，看出来朱云章祖父和所用工匠们的心思，就故意在下午建到离地基约一米高的墙时，没有留水道眼，朱云章的祖父和工匠们故意不吭声，看着这个小孩子明天怎么办。吃完晚饭后，工匠们都回家休息去了，他就让主家找了两个灯笼，自己连夜把水道眼建设得严丝合缝。第二天，朱云章的祖父和工匠们到这里一看，水道眼弄得这么规整合理，都从内心里佩服这个小师傅的才能。在这位小设计师的指挥下，这一别具一格的"乡村别墅"就这样如期竣工了。

讲究的建筑背后是白府村重教化、助人伦的教育传统，现在村西1公里坡还有籍贯邑城的明末大臣李尔育的坟墓，当地村民称其为"官家坟"。据散见在《武安县志》《明季北略》等史料记载："李尔育，字咸苦，号遂臣，幼时性格内向，端庄寡言，好学不倦。崇祯十年（1637年）中进士，殿试二甲及第。明末，烽火狼烟遍地，社会动荡不安，李尔育辞官家居。当时是也，武安连年奇荒，百姓逃亡十之八九，死者过半，腐尸白骨弃置道旁无人掩埋"。李尔育"自南归，睹之酸心，爱命多人，敛白骨而掩之土，具牲醴而奠之"，并作《祭白骨文》。以

---

① 李海荣《文化古村白府村》，载2015年4月26日《邯郸日报》第02版"风情"。

现实主义的态度记下了"因饥饿而死者沟渠枕籍，因逃散而死者委弃道旁，有为盗而死者尚惊魂之未定，有被盗而死者觉怨气之难降，有剿贼而死者魂飘忽，有骂贼而死者义气慨慷，有寄居此地被动而死者悠悠异域，有道经此地被截而死者渺渺他乡"的惨景。

白府村庙宇众多，比较重要的有土地庙、天地堂、关帝庙等。土地庙位于村子中间部位，坐南朝北，规模较大。两扇红色的大门，上书对联："土能生万物，地可发千祥"。门上挂着浅绿、粉红、黄色的过门签。门两旁的墙壁上张贴着"土地庙新正月十五文艺联欢会"捐款名单，有捐布施的，有还愿的，数额从五十元到五百元不等。① 庙前是一处空旷的场地，场地上方悬挂着红、黄、绿各色的三角旗，在夕阳的余晖中，迎风招展。

老村街景

庙内的装潢十分华丽，瓷塑的土地爷坐在中央，慈祥的面容，花白的眉毛和胡须，左手托着金元宝，右手握着龙头拐杖，从他的肩膀和腰部两侧冒出四个龙头，煞是威风。土地爷的左边是马倌，右边是山神；前者身披盔甲，头戴尖顶帽，右手执大刀，左手掐腰，看上去十分威严，神像前的供桌上摆着蜡烛和饼干等供品。神像的背景是一个舞台的壁画，壁画中间是许多只飞舞的天鹅，壁画前面挂着一串彩灯。室内东西两侧的墙壁上画的"卧冰求鲤""孝感动天""涤亲溺器""哭竹生笋"等四幅孝子图画。土地庙在村里占很重要的位置，它是每年拉死

---

① 2012年春节期间，土地庙的墙上贴有"土地庙新正月十五文艺联欢会"捐款名单，上布施的有：朱习芳300元，李贵祥100元，李敏芳50元，朱音亮50元，朱永朝50元。向土地爷还愿的有：朱春方500元，朱付朝100元，邑城二街闫建军500元。

张贴红榜的土地庙

土地庙内景

鬼时审判死鬼的地方，庙前空地则是村民日常娱乐的重要场所。

除了庙宇，家户中神祇信仰也十分盛行。几乎村里每家的墙壁上都留出一个洞龛，便是供奉天地三界神灵的地方，里面贴一张天地神灵的画像，讲究的人家还写上对联，如："天高悬日月，地厚载山河"，横批："天地三界"。（图7；图8；图9）洞口摆一个茶缸作为香炉，逢年过节、初一、十五祭拜一番。

新宅里的天地神位

老宅院墙上的天地神位

当笔者与文化部民族民间文艺发展中心的特邀摄影师老李走进白府村，在夕阳中捕捉古村的傍晚时，一位年近七旬的老妇人好奇地问起我们这两个陌生面孔的行踪。几句交谈后发现，这位名叫"朱灵枝"的大娘绝不仅仅是好奇心驱使下的寒暄。刚刚从土地庙虔诚地烧完香火的朱大娘，由衷地关心起这两个从北京赶过来的文化人晚饭怎么解决的问题。听说我们晚饭没有着落，不由分说，老人执拗地领着我们两个外乡人到自己家里去吃"自家种自家用"的小米粥。穿越曲曲折折的胡同，到落座在老人简陋而不失温馨的小屋，再到饱餐两大碗热乎乎的小米粥和一碟咸菜。半个小时的时间，真像做梦一样，我们仿佛邂逅了一片"不知

大门下钟馗瓷砖像

有晋无论魏晋"的世外桃源,也在冬日里感受到了河北乡土及其乡民的温暖。

我们无法否认,除了特殊的地理环境,浓厚的神灵信仰氛围也是"拉死鬼"活动赖以传承的重要语境,但这些民间信仰在彰显神秘性的同时,却处处释放着人间的温情与香火的热度,也凸显着白府村这个华北村落重教敦善的文化品格与魅力。

二、祖先记忆:年年"拉死鬼"

白府村"拉死鬼"习俗由来已久,至于究竟起源于何时,村中已没有人知晓,只知道它是从祖辈流传下来的传统。上了年纪的老人说,从自己儿时记事起,"拉死鬼"就没有中断过。"不管新社会还是旧社会,不管遇到怎么样的情况,拉死鬼都没有停止过。后来回到老传统——拉死鬼,这个习俗代代相传,没有中断过。"①

---

① 讲述人白府村朱聚会老人,转引自朱少波、李扬《武安白府村"拉死鬼"傩俗探析》,《民俗研究》2009年第2期。

从村里流传的口头传说中，我们或许能探寻到"拉死鬼"起源的蛛丝马迹。关于"拉死鬼"的起源，村中流传着三种说法。一说先人刚迁到白府村时，住着害怕，疑夜里常有孤魂野鬼出没，时常感到不安，于是，便举行"拉死鬼"的活动，驱逐鬼怪，保护村里人畜平安。二说当地有过年时请过世的老人（家神）回家团聚的习俗，除夕请来，正月十六送走。人们认为那些后继无人亡灵或者孤魂野鬼因为没人迎送，没人供奉，会为非作歹，祸害人间，使村里人不得安宁。为此，村民便在正月十七这天举行"拉死鬼"的仪式，赶跑祸害人间的鬼怪，祈祷在新的一年平安康宁，这种说法在村民中比较流行。还有一种说法认为"拉死鬼"是为了护佑人和牲畜的健康，在白府村这个典型的农耕村落，牲畜是主要的劳动力，也是家庭的主要财产，因此要精心照料它们。一旦牲畜害病或病疫流行，村人会认为这是恶鬼在作怪，通过"拉死鬼"则能把瘟疫、灾难等统统赶走，人畜便会平安健康。

事实上，作为一种民间信仰仪式，白府村"拉死鬼"当是对武安古老傩仪的继承和发展，它的产生、展演与传承离不开武安傩戏的土壤。村民上述对"拉死鬼"起源的解释，无论哪种说法都认为驱逐恶鬼、保佑人畜平安和一方安宁是"拉死鬼"仪式的主要目的，也是它之所以兴起的原因。禳祟纳祥是"拉死鬼"活动的终极目标，也是它世代传承、经久不衰的内在驱动力。

曲六乙先生曾在《中国傩文化通论》里指出："傩是人类最早发挥本体精神力量，使用巫术手段向极端恶劣的自然环境索取起码的生活条件，拓展生存空间，进行互为关联的生产活动——物质的生产和人口的反制，从而展示人类早期生命的价值。"从文献学、文字学的角度看，"傩"在一些古典文献中被称为"尸"或"巫觋"等。《吕氏春秋·季冬》中记载："命有司大傩。"高诱注："大傩逐尽阴气为阳导也，令人腊岁前一日击鼓驱疫，谓之逐除是也。"《周礼·夏官》中则记载："方相氏掌蒙熊皮，黄金四目，玄衣朱裳，执戈扬盾，帅百隶而司傩，以索室逐疫。"在农耕社会，"方相氏"和这一系列仪式的作用，既为驱逐疫鬼，更为了保证岁将更始之际人丁与家畜的健康兴旺。在这点上，我们发现白府村的"拉死鬼"活动表达了乡民们与古人同样的精神诉求。但又是什么力量让白府村民在时代的变迁里守望着这份随时都会被指摘为封建迷信、牛鬼蛇神的传统而坚持下来呢？

乡民朱龙丑曾认为："老人们说，明朝时期祖先们从山西洪洞县大槐树迁到武安沙河县，再从沙河县迁到白府村不远处的溅水洼，从溅水洼又迁到村北的二

老街里的牲口

道沟园，可是在二道沟居住不久，感到鬼祟野狐出没，人畜不安，最后从二道沟园搬到今天白府村的老址'朱家窑'。从那里搬到这里，还是觉得害怕，说是村里有鬼祟出没，扰乱民众的生活，使人们感觉不安，拉死鬼活动就是从那个时期开始的。"即使在今天，通过卫星地图我们都可以清晰地看出这个村庄在周边联系上孤立无援的地缘劣势。白府村几乎处于一个同心圆的核心地带，外圆沿着弧度由北向南紧密排列着丰里村、东阳苑、西阳苑、中阳苑、东马项、西马项、张二庄、西二庄、史石门、李石门、得意村、南沟村，以及正北方的邑城镇驻地等。附近的村落几乎以连带成片的组合方式唇齿相依，每一个村庄又都与白府村保持着几乎相近的半径距离。至今，白府村唯一通往邑城镇的道路还依旧面临着冬夏时节会因为雨雪天气阻隔的状况。由此，白府村的乡民最能信任和依赖的信条恐怕还是"艰苦奋斗，自力更生"这句老话了。从地缘政治的角度来看，通过拉死鬼活动进一步提振在一个充满饥荒与战争忧患时代的心理力量，通过每一家民众的参与，在酬神娱人的过程中人人都介入到与象征物的联系之中，以及在这样一年一度的互动活动里凝聚起全体村民的主体性与集体感，"拉死鬼"的文化意义已经远远超越了活动形式本身。

另一方面，瘟疫和死亡无论何时都是须要直接面对的阴影，而"死鬼"则可以充当这一切阴暗面的象征符号。在农耕社会，春节是一个辞旧迎新，告别过去一年的酸甜苦辣，并满怀期待地迎接下一个充满未知的三百六十多天的时间节点。除了"天增岁月人增寿"，牛、羊、猪等牲畜几乎是家庭和家族最为贵重的财产，它们甚至曾被白府村人心疼地称为"半个日子"，也就是说，生活的一半希望在它们身上。在很多老人的记忆里，因为某年元宵节后没有"拉死鬼"，开春农忙季节，许多家里的牲畜突然"哗"的一声，便口吐白沫，猝死在春耕大忙时节。从此之后，大家便再也不敢轻易停办"拉死鬼"活动了。哈布瓦赫曾经指出:"在历史记忆里,个人并不是直接去回忆事件;只有通过阅读或听人讲述,或者在纪念活动和节日的场合中,人们聚在一块,共同的回忆长期分离的群体成员的事迹和成就时,这种记忆才被间接激发出来。所以说,过去是由社会机制存储和解释的。"[①] 无论真实与否,从过去的牛马驴羊,到时下的拖拉机、皮卡、小汽车,口耳相传的集体记忆却以简单又实在的训诫促成了"拉死鬼"活动最为迫切的动力。即使是今天在白府村,乡民们常提及的一句老话还是"不拉死鬼,一年心里不踏实"。即使如期举行了活动,在新的一年里,如果有村民家庭或个人出现了任何"不吉利"事件,人们还会附会到这年仪式过程中活动路线是否临时变更,其他环节是否出了差池,甚至这家村民的"心不诚""态度不敬"等上头来。

总之,白府村的傩仪"拉死鬼"活动,是基于当地特殊的地缘位置和传统资源而进行的文化创造,与特定的地域文化传统有着密切的关系。相对于其他抱团连片的复合型村落,白府村四邻不靠,土地贫瘠而瘟疫流行,单一的粮食结构和较低的粮食产量一度使得村民的生活极其贫困,不得不借助神灵来获得一种精神慰藉,以安抚因自然环境的不安定而导致的日常焦虑。借助口耳相传的驱鬼辟邪的传说和现世现报的集体记忆,以及周边地区曾经一度辉煌的傩仪文化氛围,乡民们年复一年地举行以禳祟纳祥为主题的"拉死鬼"活动,遂使其成为年节生活的重要组成部分。久而久之,这一文化创造已经部分地超越了现实的世俗功利,即使时代进步,科学昌明,这一傩仪活动依然呈现出安顿个体心灵,密切人际往来,释放村落活力,调适社区生活的文化意义。

三、谁演"死鬼":准备与禁忌

"拉死鬼"活动的规模并不算大,因此组织起来也不算困难。村里并没有固定的组委会,往往由几个德高望重的热心老人负责操办。据我们了解,村委人员似乎并不参加,但是会提供村委大院作为活动的办公地点。整个筹备活动主要有:筹集善款、整理或添置道具、找"死鬼"和"判官"演员、购置烟花爆竹、请秧歌队等。

此时,一个疑问在所有外来者的心头油然而生——如前所述,村民认为"死

[①] [法]哈布瓦赫《论集体记忆》,毕然、郭金华译,上海人民出版社2002年版,第43页。

村委会门口卖小吃的商贩

鬼"是邪恶、晦气的象征。既然"死鬼"是可以充当一切阴暗面的代表,那么谁来扮演死鬼?

答案是村里没有人肯扮演死鬼,给再多的钱也不演。自古以来,本村村民一般不扮演死鬼和鬼差。乡民们认为扮演这些角色特别是死鬼,对本人和家庭不吉利。此外,在整个演出过程中,死鬼和鬼差也只能从各条大街小巷以及住宅大门前跑过,不能进入村民家中,死鬼进家被公认为是极不吉利的事。同固义村选拔黄鬼的情况相似,尽管一个死鬼和两位鬼差的角色只需要演出几个小时,但旧时也都是从要饭花子,或者吸鸦片弄得倾家荡产的"大烟鬼"中找人出演,演出完毕给他们点干粮或者粮食糊口。近二十年来,死鬼和衙役往往从外乡请来,且多为年轻力壮的小伙子。演员的报酬往往比较高,因为他们不仅要背负"死鬼"的恶名,遭受人们的歧视,而且还要消耗巨大的体力和精力。"死鬼"要在衙役的押解下一路小跑,挨家挨户地转火堆,有时会从火堆上跳过去,要跑遍这个七八百户的村庄,一般从晚上7点半左右开始到11点半左右结束,耗时长达4个多小时,不亚于跑一次马拉松,这对演员的体力和心力都是一个巨大的考验。2012年,白府村从外地请来三个演员,一个演死鬼,两个演衙役,给的报酬是两千四百元。前后几年,聘请的外地演员这三个多小时的工资总在两千元上下。

一直到2000年左右,白府村附近的"得意村"也曾有"拉死鬼"的习俗。那里也找不到愿意扮演死鬼的村民,募集的善款又不足以聘请外地演员,因此得意村便用草把子绑成死鬼,穿衣戴帽画上脸谱后,由村民在正月十七手举着在街上奔走,这种景观一直持续到这个活动前些年在得意村消失。

每年的正月十五日,白府村的操办者就会在天地堂前摆上几个募捐箱,然后通过村委会大喇叭广播几遍，告诉村民现在开始为"拉死鬼"捐钱了。此时，村民都会踊跃前往，捐款的数额不限，但至少一两元，多则不限。据村民介绍，今年"拉死鬼"活动的经费是按人头收取的，每人两元，全村大约收了五千元。村里几乎每家都会前来捐款，谁家不捐钱，拉死鬼的时候就不会从这家门口经过。这种惩罚对白府村人来说是极大的打击，拉不走死鬼全家人在一年当中都会生活在一种担惊受怕的恐惧之中。因此，几乎没有人家会为了几元钱而冒此风险，花钱买平安，心里踏实。而且，拉死鬼不捐款犹如过年不放鞭炮，常会得到左邻右舍的笑话，也没有人会为这点钱而舍了面子。不过也有例外，现在村里有一些基督教徒，他们笃信耶稣，并不参与"拉死鬼"的活动，不会捐钱，也不让"死鬼"从自家门前经过。信徒的家人有的则不信仰基督教，他们热衷于参加"拉死鬼"活动，这样一家人常因信仰的冲突，围绕捐不捐款、让不让"死鬼"经过家门发生赌气或吵架的事情。

所有募捐来的善款会在事后写到红纸上，贴在村中显要位置。善款的支出主要有请演员、买烟火、购置锣鼓等乐器、请文艺队演出等。其中，尤以前两项支出最多。烟火的支出也十分巨大，每年都要买两三千元的烟火，在仪式的最高潮——焚烧蒿里山时燃放，往往会持续半个多小时。所有操办者均为义务工作，不拿工钱。过去拉死鬼时会请一些文艺队来演出助兴，有时也请来戏团在村里唱大戏，热闹一番，现在基本不请了。

日落时分，吃完晚饭的死鬼和两名鬼差踩着长满嫩绿麦苗的田野来到村外东北角的武家坟冈化妆，在一片乱坟冈简单地举行完捉鬼的仪式后，整个傩仪活动的主要时间和精力耗费在走街串巷的"蹦火"过程里。事实上，"拉死鬼"活动的高潮和结局都体现在燃烧"蒿里山"为归宿的终点。蒿里山的原型是指山东省泰安市泰山脚下东南方不足五里地的"蒿里山"，本地人多俗称为"高里山""青山"。因在北伐战争以及解放战争中，蒿里山都曾是敌我双方争夺的战略要地，多有死伤，中华人民共和国成立后，当地政府部门也曾命名为"英雄山"。

在中国传统民间信仰中，泰山神主掌人的生死寿夭，既是神仙寓所，又是鬼魂之府，蒿里山则是泰山神治鬼的所在。嘉靖《山东通志》卷五《山川》云："亭禅山：在泰安州西南五里，一名蒿里山，上有蒿里祠、森罗殿、七十五司官属，管阴府死生，较量人间善恶，有地狱锉烧舂磨之说。"正月十七这天，白府村的"蒿里山"是村民们用柏树枝、玉米秆、芝麻秆、棉花秆以及表面覆盖了各家各户为家中的亡者赠送冥币的纸质"钱叉子"搭建而成。"蒿里山"直径约五六米,高约两米半,是一座在仪式高潮部分以燃烧作为结点的"圣山"。蒿里山的必须在村东俗称"东水坑"的池塘边上,搭建的形状和位置都有讲究,轻易改动不得。在村民的记忆里,在1995年前后的元宵节期间,武安市政府曾经举办了一次面向海内外的傩仪学术研讨会,会后国内外的大批专家和随行记者涌进固义村和白府村观看"捉黄鬼""拉死鬼"活动,因为人数骤增,考虑到观赏效果和人群站立的方便,几个会首商量后将"蒿里山"改变地点,搭建在了村东更为开阔的桥头。结果当年仿佛现世报一般,村里的牲畜开春不久便死去了几头,于是从那以后人们再也不敢轻易变更"蒿里山"搭建的地点了。

其实,口耳相传的规矩和教训的外壳里面并非仅仅是泥古不化的禁忌。每年一度的"拉死鬼",虽然因活动主题和称谓似乎平添了几分阴郁,但它既是乡民年节生活的酬神娱乐,也是面向社区内外的文化展演。例如,现在这一活动每年都会吸引众多媒体和摄影爱好者的到来,"摄影蚂蝗"的存在已经成为元宵节里的一道风景线,他们的参与成为乡民们见怪不怪的常态,甚至不知不觉中成为今天仪式活动中的一部分,绝大部分村民已经习惯了各种长枪短炮的存在,能够在镜头下坦然地表达自己的表情和态度。对于白府村以及周围村落,乃至外来的观众、游客、摄影记者而言,正月十七的"拉死鬼"活动丰富了每个人的春节生活与人生阅历。同时,这些外来群体及其舆论评价也为白府村年复一年的仪式表演的神圣感起着一定的强化作用,主办者、赞助者、观众——所有的参与者事实上都成了互为主体的关系。

文化与信仰的禁忌规训着"拉死鬼"活动凝固不变的文化内核,在此基础上,乡民们又驾轻就熟地解读、诠释、品味并创新着仪式表演中的种种细节,并将其变成文化共振和弘扬个性的标志。所以在一定意义上说,"拉死鬼"活动不仅仅是谋求人与自然,人与未知世界和谐相处的乡土智慧,更是乡民们努力将春节和日常生活谋划的更有滋味,心理更为熨帖的文化创造。

四、傩火送瘟:仪式活动的展演

事实上,白府村"拉死鬼"活动从正月十六日就开始了,整个仪式活动可分为祭祀家亲、祭神酬神、搭建"蒿里山"、路神净路、捉死鬼、拉死鬼、审死鬼、点燃"蒿里山"等几个程序。

（一）祭祀家亲

按照当地的风俗，每年的正月十六日是出嫁的闺女回娘家给已过世的亲人上坟的日子，这一天家家户户都要准备好饭菜招待回家的闺女。午饭前，全家人要带着供品、纸钱等一起到祖坟上祭祀家亲，问候先人在"那边"是否安康，并请他们明天晚上到"蒿里山"去领取寄去的钱物。

准备钱叉子

挂满彩旗的农家小院

（二）祭神酬神

正月十七上午是祭神酬神的时刻，人们带着供品聚集到庙前，焚香烧纸，磕头祭拜庙里的土地爷、关帝爷等神灵，祈求神灵保佑全村人平安健康。拜完神，村里的秧歌队、杂耍队等会在庙前表演，敲敲打打，热闹一番。这是继正月十五在土地庙前举办的乡村元宵晚会之后，村民的第二次狂欢。

（三）搭建"蒿里山"

白府村民俗信，蒿里是人死后去的地方，类似于黄泉，搭建"蒿里山"是祖辈传下来的规矩，通过蒿里山能与死去的亲人通信，给他们邮寄钱物，让他们在"那边"衣食无忧，保佑子孙平安。

白府村的"蒿里山"位于村子东北部俗称"东坑"的池塘边上。如前所述，每年都会在这里搭建、烧毁，不得随意更改地点，否则村里就会遭到厄运。正月十七日上午，活动组织者会安排专人在东坑边上用木头搭建起蒿里山的框架，围上几捆玉米秸，等着下午村民们来"送钱"。

蒿里山

（四）制作"钱叉子"

村民们一般看完上午在土地庙前的表演便回家开始制作"钱叉子"。"钱叉子"是"邮寄"给过世老人的包裹，里面放上元宝、纸钱等。各家制作的"钱叉子"形状不一，样式各异，有书包状的，有布袋状的，有钱包状的，但一律都是用白纸制成，一般都会以细树枝在一侧挑起，整体上呈现出"褡裢"状。讲究的人家还在上面贴上颗五角红星，粘上朵黄花，镶上彩色的花边，别致美观。"钱叉子"做好后封上口，再在上面写上先人的地址和姓名，方便他们来认领，如"武安市城邑镇白府村，×××（父亲），×门×氏（母亲）收"。附近没有拉死鬼活动的村庄也会有人送来"钱叉子"，借白府村的"蒿里山"给先人送去钱物，我们在田野调查中在"钱叉子"上就发现了附近"东马项"等村庄的名字。

下午约四五点钟，村民带着自家的钱叉子，陆陆续续地来到"蒿里山"旁，把它们插到"蒿里山"上，此时的"蒿里山"就相当于一个通往阴间的邮局。等到晚上被点燃后，所有的钱物都"邮寄"到了另一个世界。有的人家在送"钱叉子"的时候还会从家里带来一捆芝麻秆,搭在山上,给"蒿里山"添柴。来送"钱叉子"的往往是中老年妇女,孩子们对此已充满了期待,跟随在妈妈后面拎着或用细棍挑着"钱叉子",高高兴兴地前来。"蒿里山"是人去世后的归属地,白府村人通过仪式中对"蒿里山"的搭建实现了人神沟通的目的,完成了对祖先的祭祀,从此人们的心里得到了慰藉,精神有了寄托,这种古朴的祖先崇拜与灵魂观念也是"拉死鬼"活动得以代代传承的内在动力。

插满钱叉子的蒿里山

钱叉子的形态

附近村庄送来的钱叉子

腰里挟着捆芝麻秸

(五)备柴、堆土

临近傍晚,白府村家家户户都在门前备好芝麻秆、玉米秸等柴火,还要堆一堆土,这是灭火用的,以防止着火灾等意外发生。一家人早早吃过晚饭,大人们站在门口把长长的鞭炮缠绕在竹竿上,不时地与左邻右舍聊着天,小孩子们则在大街上撒欢、打闹。街上的人越聚越多,外地来的摄影者、参观者等也都举着相机捕捉精彩的瞬间,所有这些都预示着一场盛大的仪式表演马上就要开始了。

"拉死鬼"的操持者在村委大院的办公室里有条不紊地商议着、安排着即将进行的流程,院子里则聚集了一群孩子,他们是引领队伍前进的灯笼队队员,排队等着领取灯笼。从外地请来扮演"死鬼""鬼差"的三名演员们则在另一间办公室里一边烤火,一边吃着早给他们准备好的晚餐——水饺。不时,管事人会过来给他们交代作为一名死鬼的工作职责:"到时候,让你走你就走,让你停你就停,让你干什么你就干什么,听到了吧!"或许是因为他们是罪大恶极的"死鬼",或许是因为他们是高薪聘请的雇员。总之,管事人交代任务的时候总是一脸凶巴巴的面孔和命令式的语气,不容询问或质疑。吃完水饺,天也黑了,演员们就悄悄地被带到村外东北角的武家坟冈化妆去了。

排队领灯笼

吃晚餐的"鬼卒和死鬼"

（六）路神净街

白府村的路神静静地伫立在村委大院的墙根下，它有两米半高，白面黑须，戴相纱帽翅，相貌肃穆威严。身上穿着墨衫，手持串铃和宝剑，双眼里安有两只灯泡，夜色里通电后有目光如炬的光影效果。路神是唯一用纸裱糊的角色，扮演者钻在纸人壳内，用手攀扶着架子行走。路神使用前后贮藏在村委会闲置的仓库里，因为结构简单又在黑夜里使用，因此细瞧起来更是因缺乏粉刷维修而显得斑驳陆离，多有破损。当演员被带去化妆的时候，就要先请路神出来净街了。路神游街是为了驱赶隐藏在黑暗角落里的鬼祟。在铿锵热烈的锣鼓声中，路神的扮演者转到神架里面，路神游街开始了。只见，由孩子们组成的灯笼队走在

活动开始前的路神

队伍的最前面，紧随其后的是锣鼓队，两个人抬着一面大鼓，一人跟在后面敲打，路神在众人的簇拥下踽踽独行。在活动正式开始后，路神还要尾随在"死鬼"后面进一步驱赶阴魂不散的漏网之鱼。所以说，走向"蒿里山"的路神既是宣告"拉死鬼"活动的开始，往往也是主体活动接近尾声的标志。

与路神同样担当神职功能的是由活人扮演的"扁担官"，穿红官衣，戴官帽，脸上画上豆腐块，做丑官扮相。他坐在一把椅子上，由四个日常装扮的村民用两条扁担抬着，因此称"扁担官"。

锣鼓

武家坟地的化妆

（七）捉鬼

当路神净完街后，游街的队伍浩浩荡荡直奔武家坟，这是要履行到野外找"死鬼"、捉"死鬼"的仪式。经过一番像模像样的戈寻，终于发现了"死鬼"的行踪，并由两个演员扮演的"衙役"成功制服了他。一面由鬼卒用铁链锁好，一面由专人燃放鞭炮，以此作为通知村里人完成捉鬼的信号。死鬼的扮相阴森恐怖，嘴唇抹成鲜红色，眉毛和眼圈都描成黑色，脸庞涂上一个个的白斑。它身穿一身白衣服，头戴一顶尖尖的圆锥形白帽，帽子顶端插着一面白色的三角旗，系着两根红色的布条,衣服、帽子和旗上都画有骷髅、蜘蛛、火焰等满是怪力乱神色彩的图案。两位衙役则头戴红帽子,身穿红色黄边的马褂,背后印有一个大大的"卒"字。他们两个人一前一后,用铁链和长孝带拦腰系住死鬼,很快便要从最近的人家住户开始拉着死鬼奔跑。

(八)拉死鬼

"拉死鬼"

从村北第一家开始,两个衙役押着死鬼在专人的带领下挨门挨户地奔走。村民们站在自家门前严阵以待,早早地在家门口燃起了篝火,估摸着死鬼快到时候,便赶紧加柴,把火烧得旺旺的,火着得越大预示着新年的日子会越兴旺。当死鬼跑过来时,男人们便点燃了长长的鞭炮,让死鬼在震天的鞭炮声中跑过,俗称"炸鬼",能驱邪除疾。此外,死鬼有时还要绕火堆一周或从火堆上跨过,俗称"蹦火"。旺旺的

篝火、鞭炮、鬼

篝火、噼里啪啦的鞭炮声将死鬼和所有的灾难、疾病一并驱走，从此家中便能平安无事。鬼影一逃，各家各户赶忙用冉红的灰烬在家门口围成一个半圆，作为彻底堵死鬼路的屏障。死鬼行进的速度很快，所到之处烈火熊熊、炮仗震耳，一条条古老的大街小巷被火光照得通红，鞭炮声、锣鼓声、欢笑声响彻云霄，由北向南，人群的呐喊声、噼啪的鞭炮声、柴火的爆裂声交织在一起，整个白府村赫然进入一种火光照天的狂欢氛围之中。

一家人等待驱鬼

（九）审判死鬼

死鬼就这样挨家挨户地奔跑，转火堆、蹦火苗。灯笼队、锣鼓队跑完整个村子大约耗费四个多小时。最后，死鬼被押解到土地庙让扁担官代表土地爷审判。

在过去，拉死鬼的队伍经过土地庙或其他庙宇，都会发生扁担官审讯死鬼的情节。台词通常是即兴发挥，如："你是何方恶鬼？""山西××的。""来此做甚？""天不收，地不留，找点吃喝。""一派胡言，立走！"鬼差就会继续拉着跑。这样，一方面以戏剧性的对白和场景让单调的奔跑多了点娱乐，另一方面也让扮演鬼卒和死鬼的演员有点歇息的时间。近年来，因为死鬼和鬼卒几乎都是雇佣的外地人，双方语言不通，所以除了土地庙前的最后审判，基本省略了扁担官在一路上的互动环节。

在震耳的鼓声、呐喊声中,死鬼由鬼差押解着跪在土地爷面前,开始接受审判。

扁担官:"咦!哪里来的孤魂野鬼,来到我村胡走乱行?今天在这里被捉住,是定斩不饶!"

死鬼乞求:"饶命!饶命!以后再也不敢来白府村了!"

扁担官:"既然不敢再来了,这次就饶你不死,下次再敢来白府村,决不轻饶!"①

在一片哄笑声里,队伍押解着死鬼走向活动的终点,也是最后的高潮"蒿里山"。

(十)点燃"蒿里山"

燃烧"蒿里山"

死鬼被押解到蒿里山旁,这时有人点燃了缀满了"钱叉子"的蒿里山,死鬼围绕着蒿里山转三圈,磕三个头,由村中德高望重的老人将死鬼的帽子摘下,投到

---

① 审判词引自朱少波《武安白府村拉死鬼傩俗探析》,《民俗研究》2009年第2期。

"蒿里山"燃烧全景

火堆中去,象征着"死鬼"被烧死,所有的鬼祟都被驱除,熊熊的烈火把"钱叉子"带到了另一个世界给逝者享用。此时,火光遮天,纸钱飞舞,燃烧的光芒几乎把整个村子映得通红。旁边的空地上则燃放起了烟火,绚丽的烟花在空中绽放,把活动推向了高潮。半小时后,烟花放完,蒿里山也烧成灰烬,人们满怀希望地安心散去,热烈又不乏肃穆的"拉死鬼"仪式结束了。

五:"拉死鬼":一种调谐现实的文化设置

在中国北方汉民族地区,人们普遍存在在春节期间或其他俗信活动里求吉辟邪的行动或理念,例如我们常见的"桃木驱鬼说""炮仗吓年说"等。与桃木驱鬼相类似的民俗活动是"傩"。《礼记·月令》有"命有司大傩,旁磔,出土牛,以送寒气"的记载。从春秋到战国时期,类似活动在民间一直长盛不衰。《论语·乡党》里有"乡人傩,朝服而立于阼阶"的记载,说明孔子逢遇傩仪活动时,在态度上的肃穆庄重。汉代前后的驱鬼不过是门前张贴神荼、郁垒两位第一代门神的画像,后来人们认为它们只能把厉鬼拘于门外,还不能把凶鬼疠疫祛除干净,由此,在除夕之夜,乡民们还要举行一种头戴面具、击鼓除瘟的舞蹈仪式——逐傩。在汉代,傩舞不仅流行于民间,而且传入宫廷,成为一种程式繁复、规范隆重的逐鬼祛疫活动。

从《后汉书》《隋书》《新唐书》《乐府杂录》等史乘文献，乃至山东沂南汉画像石等图样纹饰的记录来看，宋代前后傩舞活动的一方面宫廷化、贵族化气息依旧浓郁；另一方面，乡村傩仪花样繁多，走向了世俗化、娱乐化的趋势。晁补之《调名佚》："灶马门神，酒酌醁酥，桃符尽书吉利。五更催驱傩，爆竹起。"苏轼《荆州十首》："爆竹惊邻鬼，驱傩逐小儿。"欧阳修《与谢三学士唱和八首·除夜偶成拜上学士三丈》："隋宫守夜沈香燎，楚俗驱神爆竹声。"此外，官方大傩仪也好，民间乡人傩也好，都要戴着面具驱祟。在一定意义上，我们的祖先们可谓将春节真正过成了全民狂欢的万圣节。元蒙因信仰不同，傩礼受到排斥，明代则一度恢复驱傩仪式，清代宫廷则又废止。但《论语·乡党》所记载的"乡人傩"一直在民间延续，并与宗教、艺术、民俗等糅合，衍生为艺术样态多变的傩舞、傩戏和其他仪礼。

学者吴钩认为，宋代之后，在商业与文化比较发达的城市，世俗化的民间傩礼渐渐衰微，转而传播到经济、文化相对落后的山区，跟当地巫文化相结合，倒也深深扎根下来。但在这个过程中，傩祭仪式出现再度宗教化、神秘化的变异，傩面具重获神秘力量，并发展出一套禁忌，比如禁止女人触摸傩面具，更不准妇女佩戴傩面具。尽管许多地方的傩仪都加入了戏剧表演因素，使得整个傩祭仪式更具观赏性，但这种观赏性跟宋代傩礼的世俗化与娱乐化截然不同。

实际上，自古以来从没有凝固不动的民俗，更没有亘古不变的节日，傩仪活动的演变也不例外，或许这种带有巫术色彩的傩仪（或社火）仪式原本就没有照着一条清晰的传播线路有迹可循。文化传播不是一个被动的过程，此时此地民众的现实需求才是推动任何一种文明接收落地和生长、繁衍的根本动力。

不同于古代宫廷傩仪的繁复和华美，"拉死鬼"是一种古老的"乡人傩"。它产生于武安特定的自然生态、社会现实、小民经济之中，凭借强大的信仰传统和民俗心理得以世代展演、传承。哪怕在战争或特殊时期也从未间断过，显示了民俗传统生生不息的生命力。

"拉死鬼"的实质是驱除滞留村中无人祭奠、危害人畜的野鬼，把死鬼拉到"蒿里山"烧死，让他魂归蒿里，不再危害人间。它表现的是村民驱除鬼祟，祈盼村落平安、人畜两旺的朴素愿望。在整个"拉死鬼"的过程中，熊熊的大火是最重要的仪式内容。家家门前都要点堆篝火，死鬼要转火、蹦火，最后还要点燃蒿里山。这反映村民对火有一种敬畏的心理，认为火具有神圣的力量，点篝火能镇邪驱祟，祛病免灾。拉着死鬼挨家挨户地奔走则继承了古傩"索室驱疫"的传统,"就是把室内潜藏的鬼怪、瘟疫搜出来后驱逐出去"①。拉死鬼则把这种原始的驱疫方式演变成"沿门逐疫",即在大门口举行仪式,把鬼祟瘟疫祛除。俨然,拉死鬼已经成为白府村人免灾祈福的心理慰藉,这一年只有拉完死鬼,才算对祖先有了交代,村民的心灵才能得到解脱、宽慰和舒展,才能生活得更实。

"拉死鬼"还是全村的一次精神盛会,是村民的集体狂欢。从正月十七上午的祭神酬神到晚上的燃篝火、放鞭炮、放烟花,人们一方面祭祀神灵和祖先,驱鬼逐疫,化灾纳吉,另一方面也尽情娱乐,缓解一年来的辛苦劳作。这些傩礼植根于生活,服务于生活,消费于生活,因此,在活动的筹备及行进过程当中,每一个活在当下的人尽管心怀敬畏,但更多以主人翁的主体意识和略带几分狡黠的乡土智慧处理社区因素对文化惯性的干扰。于是,"拉死鬼"表面是阴冷的仪式,但内核包裹着温热的乡情。发生在寒冷的正月,但火光照亮的是满腔的热情。人们在娱神的同时也娱乐了自己,从而达到人神同乐的效果。与比同时,作为全村时代传承的民间传统,"拉死鬼"俨然成了白府村的标志性文化,组织参与到这项在当地颇具声誉的仪式中去让村民感受了一种自豪感和荣誉感,这种感觉在无形之中化为一种涌动不息的心理认同,从而强化了村落集体的凝聚力和认同感。

作为一种文化设置,白府村人正月十七"拉死鬼"的意义绝不仅仅是休养生息,缓解疲劳,求吉纳祥,如果目的单纯是这些,完全可以采纳更为省力的做法。在传统的惯性下,乡民们借助拉死鬼集中调理人与自然的关系,人际关系,乃至自身孤立的家园与周边社区的关系,还要借助人与鬼的关系安抚个人的内心世界。如果没有这样一个时间节点调理乡民们精神世界的文化设置,社区秩序将难以为继,乡民们的心灵世界也将变得鬼影重重。由此,上溯至古礼,丰富多元,历史悠久的傩仪"拉死鬼",对于村落民众的宗教观、生命观乃至自然观有着极为深厚的影响,也是理解华北地区中华传统文化的一个重要窗口。

武安傩戏"拉死鬼"从遥远的过去一路走来,发展到今天仍然根深叶茂,已经成为傩戏文化的一块"活化石"。"拉死鬼"仪式为研究华北村落的民间信仰习俗和社会生活,乃至研究中国傩戏的发生、发展和类型,提供了鲜活的例证,附着其上的至为深厚的文化底蕴、社会功能,仍有待于我们的进一步阐释。

---

① 朱少波《武安白府村拉死鬼傩俗探析》,载《民俗研究》2009年第2期。

附录

附录一　土地庙庙志

白府村土地庙，载记原建于清皇康熙四十一年孟冬上旬，坐落宝地。当时，善者朱朝章等带领集资、筹财、建造，共享信仰、沟通、成谦和共有财富。

因庙材劣，日久风雨袭，破坏神像没，至破不堪。2008 年，李贵祥主动补修完整，香烟不断，全村太平。

2010 年，孟春桃月善者朱、李主领下，用优材、构建固，就原地、原样重建成优美、壮观、古迹文物，缘地其善乐也。

附录二　土地庙管委会

村委会：朱海军、朱永朝

主办：朱世珍、李贵祥

副主办：朱占华、朱立群、朱新立、朱日芳、朱长聚、朱台书

委员：朱新和、朱占军、朱子敬、李相林、朱民后、朱三你、常林山、朱建立、朱春如、朱新朋、朱海斌、朱加富、李增入、朱解洲、朱海吉、朱荣安、杨有志、朱仲苍、朱入元

会计：朱加富、李增入

木工：朱日芳

瓦工：李谈保

撰文：朱解洲

2010 年古历桃月二十九日立石

附录三　天地坛碑记

白府天地坛是吾村文物之一，自九三年重建俩神像重塑位驾字中以来，五风十雨，家家太平，有求必应，在十周年之际，为之物之精华，神通四海，进行精雕细刻，神像油驾换袍，显之神采奕奕，神威广天缘地聚贤，也表民意诚乎（撰文：朱解州）。

主要参考资料

1. ［英］简·艾伦·哈里森，刘宗迪译《古代艺术与仪式》，北京：三联书店 2008 年版。

2. 张士闪《乡民艺术的文化解读——鲁中四村考察》，济南：山东人民出版社 2005 年版。

3. 刘亚萍《忙年——中国春节民俗民艺》，北京：中国人民大学出版社 1991 年版。

4. 武安市地方志编纂委员会《武安县志》，北京：中国广播电视出版社 1990 年版。

5. 张午时、张茂生、李栓庆校注《武安县志校注（民国卷）》，武安历史文化研究会。

6. 林河《傩史：中国傩文化概论》，台北：东大图书股份有限公司 1994 年版。

7. 朱少波、李扬《武安白府村"拉死鬼"傩俗探析》，载《民俗研究》2009 年第 2 期。

8. 朱少波《符号学角度下的河北武安"捉鬼"傩俗——以固义村"捉黄鬼"和白府村"拉死鬼"作为个案研究》，硕士学位论文，青岛：中国海洋大学，2011 年。

9. 李杰玲、曹旭《黄泉源于泰山蒿里原型研究》，载《贵州社会科学》2011 年第 1 期。

后 记

在武安地区偏远的村落体验生活，城里人往往会发现自己以往对清贫的理解不值一哂。老百姓瞧不起"不会过时光"的人，春节炒菜也要将勺子轻轻探进盛油的罐子，那小心的动作仿佛像夏天的燕子低飞着掠过池塘。一冬天的大白菜、一天三顿吃拽面、口感生涩却又稀缺的窖水，不来大山深处真不知道山里人怎么过日子。

壬辰龙年春节，我带领朱振华、李向振、李生柱等几位博士生驻扎进了武安地区几个村落调研春节社火活动。甫一下车，来送行的当地文化站干部和文化部民族民间文艺发展中心的领导就谆谆叮嘱大家要做好吃苦的准备。例如在姚家峧村，冬天的风就会现身说法，树丫一摇，微风就像冰刀子一样刮过脸颊，冻得耳根发烫！农户家只有一个炭炉，好在随行人员临别悄悄留下了电热毯，几个小伙子就挤在大炕上将头缩在被子里挨到天亮。老百姓生活用水都是水窖积攒的雨水，金贵得很。清晨的洗脸水论勺取用，三个人轮流拿着水勺互相帮忙冲洗手掌搓揉腮帮，一瓢热水用没后谁都不好意思再讨。

好在山里人习以为常，反而笑话外乡人的孱弱。

很多村民习惯了物质的清贫，老人们离不开祖祖辈辈耕耘劳作的山坳，孩子们也在常态的生活里找不出城市和乡村的差异。恐怕也唯有如此，社火活动才始终拥有最为厚实的群众基石，它诞生、兴盛、发展乃至传承或消亡也无不牵于这方贫瘠的水土和满怀希望的乡民。精细和勤俭在恶劣的自然环境里是一种美德，因为只有具备这种美德的人们才真正拥有繁衍不息的资格。在武安的五六天里，我们似乎已经竭尽所能地摸索到了"传统"的每一次心跳和呼吸的律动，但等离得远了，时间久了，才又发现对它实在是一无所知。这种无知存在于两个维度，一个坐标指向它的平淡无奇，一个坐标又指向它的闳约深美。于是就这本小册子而言，写作过程中也就充满着许多纠结和矛盾，我们一面怀疑这区区十几万字的笔墨能不能巨细无遗地勾勒明白这块土地的脉搏、心跳、风貌和个性；另一面又担心耗费这许多时间来爬梳和思索它的存在与跃动是否又有点小题大做。可话说回来，泥鳅也是鱼，再微薄的心跳也是希望！或许这千百个乡民以及他们所承载着的无数个鲜活的"固义村民"和"姚家峻人""白府村民"才是我们借此真正需要关注的对象。简言之，这本小册子里的村落只是一个标本，"社火"更只是一个放在显微镜前的切片。我们实在不希望一定要让它铆足了劲挤出多少富含所谓学术价值的汁液——它只要让我们意识到草根深处有这么一群不服输的乡民，正月里有这么一个喜气洋洋热热闹闹的民间社火，春节的夜空里还有这么一抹年味很浓的乡村焰火也就够了！

特别感恩，能够诞生这本小书的考察活动和撰写工作得益于文化部民族民间文艺发展中心李松主任主持和督导。全书由齐鲁师范学院青年教师朱振华、武汉大学社会学系李向振博士和贵州师范学院李生柱博士分别撰写，最后由王学文、朱振华负责统稿完成。由于时间和学识有限，书中难免存在疏误或不当之处，敬请广大读者批评指正。

文化部民族民间文艺发展中心

王学文